CONFUCIANISM AND GLOBALIZATION

儒学与全球化

[秘鲁] 阿兰·加西亚·佩雷斯 著

沈 庆 译

人民出版社

卷 首 寄 语

　　谨以此书纪念19世纪怀着青春梦想来到秘鲁的成千上万的中国公民。他们历尽艰苦，辛勤劳作。他们在鸟岛用双手拾集鸟粪，在海拔四千米的高原上开掘铁路隧道，在沿海的庄园中收割甘蔗。他们债台高筑，身戴镣铐，任人宰割。他们身心疲惫，饥肠辘辘，思乡心切，却故土难归。不少人长眠在这里，祈愿他们的在天之灵能宽恕我们。还有的已经在此安家落户。那些已故先人以及定居者的子子孙孙，必定是促进太阳国度的秘鲁与"普天之下"的中华民族之间团结的先驱。

　　并以此纪念伟大的政治家和革命家邓小平。

阿兰·加西亚

子曰："庶矣哉！"冉有曰："既庶矣，又何加焉？"曰："富之。"曰："既富矣，又何加焉？"曰："教之。"

——《论语·子路》

"致富光荣"。——邓小平

目　录

序　注

　　我有责任提醒读者注意阅读本书的难度。阅读我以前
出版的其他书籍，可以采取循序渐进的方式去理解，但
《儒学与全球化》一书，是试图对两种文明的基本元素进
行比较，因此书中某些章节写得较为抽象。读者如果希望
能较快了解本书的梗概，可以选读导论和第九、十、十一
章。如果有人想钻研有关神性超验、文化基因、文字作用、
家庭和制度关系的含义及其他议题的概念，建议可依序完
完整整地阅读。但不管采取何种方式，都能使你领会本书
的宗旨：理解中国，以借助其巨大的引力。

导　论

最近 30 年来，世界经历了两大发展进程，二者彼此依存，开启了社会历史的新篇章。第一个发展进程，是"全球化"进程。在信息和通讯的革命性技术的支持下，各国的生产厂商和消费群体彼此间的联系交往几无边界阻碍，"全球化"驱使地球整合成为单一的经济空间。这是资讯、消费、生产和人员的"全球化"，其结果是市场容量倍增，推动了科学的发展，有力地提高了决策速度。第二个发展进程，是中国在邓小平（"发展是硬道理"）理论指引下，并受传承千年的儒学复归的影响，以生产和社会的杰出主体的形象出现在世人面前，展现出日益增长的引力。中国的发展进程与"全球化"进程密不可分，并进一步巩固了"全球化"进程。

　　近 35 年里，中国实现了近几个世纪以来极为重要的社会和经济变革。中国的名义生产总值，从 1978 年不到 4000 亿美元，增至 2012 年的 8.27 万亿美元。在几十年前，根本无法预见到中国的发展能取得如此水平。30 年间，中国生产增长 14 倍，人均收入提高 12 倍。更何况这样的发展是发生在一个地域宽广的国家，一个"世界级国家"。中国的人口是美国的 4 倍，是拉丁美洲总人口的 3 倍还多，几乎是欧盟人口的 3 倍。也就是说，中国人口比上述 3 个国家和地区的人口总和还多。

尽管地域、人口规模如此之大，中国在过去的 30 年间仍取得年均增长速度 10% 的惊人成绩。2003、2004 和 2005 年，超过了年均增速，达到 10.2%。根据凯伦·沃德的研究，以 2000 年美元价格计算，中国国内生产总值 2050 年将超过美国。如果继续保持目前的趋势，以购买力平价标准（PPP）估算，中国国民生产总值到 2020 年将与美国并驾齐驱。同样以购买力平价指数衡量，到 2035 年中国人均收入将超过美国。国际货币基金组织对有关外部脆弱性、中期环境和公共部门债务至 2017 年之前的可持续性的统计表明，即便按照谨慎的估计，中国年均增速降至 6%，中国目前的这一趋势肯定不会改变。中国的进步基础深厚，其稳固性将继续保持。

对比以下估算结果，更能表明中国现象是何等重要。假设拉丁美洲的生产绝对数量，在最近 35 年间能有中国相同的增幅，拉丁美洲的人均产值和家庭收入，就会比美国目前的 2/3 还要高些。这绝非是无端幻想。安格斯·麦迪森的力作《世界经济千年史》①，给出了以 2000 年美元计价的中国和拉丁美洲的生产总值数据：1978 年，拉丁美洲生产总值高于中国，分别是 1.347 万亿美元和 0.74 万亿美元。到

---

① 安格斯·麦迪森：《世界经济千年史》，经合组织发展中心（美国）2012 年版。

1998 年，情况发生翻转，中国生产总值增至 3.873 万亿美元，拉丁美洲是 2.941 万亿美元。[1] 以现行价格计算，中国 2012 年生产总值 8 万多亿美元，而拉丁美洲不到 4 万亿美元。中国占世界生产总值的比例从 4% 跃至 12%[2]，而拉丁美洲所占比例下降。

这个对比之鲜明显而易见。假如 1973 年至 2012 年，拉丁美洲的经济，以不变价格计算像中国那样增长 14 倍，如今拉丁美洲的生产总值就会达到 15 万亿美元，人均产值会超过 3 万美元。

为什么中国做到了，而拉丁美洲却未能做到呢？

原因众多，但其中有一点是根本性的：中国具有一种"基本人格"，一个绵延千年的文化，一个历史悠久的政治制度。这正是本书要展现的主题。

西方许多经济学家和政治家虽然认可并接受中国的快速增长[3]，然而，他们之中有些人却巴望中国往日的增长和引力将很快受到限制，或不久会面临动力枯竭。他们预测，中国在取得生产和社会巨大进步的同时，国内的政治压力将接踵而至，如对工资、人权和社会领导提出更多要求，这些在

---

① 安格斯·麦迪森：《世界经济千年史》，经合组织发展中心（美国）2012 年版，第 261 页。

② 安格斯·麦迪森：《世界经济千年史》，经合组织发展中心（美国）2012 年版，第 263 页。

③ 实质性数据，我们采用国际货币基金组织的报告：《中华人民共和国成员国 2012 年报告》。

未来将可能引发社会不安定、物价上涨、经济发展的高速增长随之下降。本书认为，作出这种预测虽然难免，但只不过是一相情愿。凡无视现实者，如同睁眼瞎！他们不懂得，中国增长所派生出的这些问题，在欧洲和世界其他地方也同样会发生。世界各地，由于受到生产和竞争力的影响，工资在下降，国家支出在减少。美国劳工部也承认，2013年第一季度，每小时报酬下降了3.8%，是1947年以来的最大降幅。

尽管有上述佐证，西方有些人仍然宣称，中国民主化在所难免，随之而来的是其体制议会化、多党和反对声浪出现，内部矛盾加剧，并武断地认为，中国势必会逐步西方化。

我们认为，这样的分析与实际不符，是种族中心论的表现。西方不是"世界的全部"，也绝非是"世界未来"理所当然的范式。现实是最直接和最有力的证明，那就是地球上不少国家，不管是否清醒地意识到，都正在采取行动或采用中国文化的某些准则，处理中国物美价廉的商品的大量涌入问题，应对随商品而来的伦理和集体价值观。事实上，中国的前进步伐已经在动摇欧洲一些国家的根基，西方国家若想避免这种情况，应该接受新挑战，加倍努力，提高储蓄，提升生产率，严肃经济纪律，保持政治稳定，继续强化国家管理，教育上更加务实和突出技术要求，等等。如果无动于衷，继续维持政局失稳，用于官僚和福利的支出过度，消费癖好盛行和债务累累的现状，其根基势必继续遭受中国人的文化和中国人的勤劳的侵蚀，希腊或西班牙的情况就是如此。这种情况也正在危及意大利，甚至美国。

当前所有的分析评估，不管出自国际货币基金组织、世界银行、经合组织、美洲开发银行、汇丰银行，或是出自麦肯锡战略咨询公司，都表明未来几年中国将成为地球上最强大的国家。此外，随着其投资、专业人才、技术人员和知识的日积月累，中国将不再是世界工厂，而成为技术工艺和科学资源的供应新秀。2011 年和 2012 年，中国人在美国登记注册的专利数量，已超过美国国民注册的数量。

中国经济的增长对中国自身社会的影响也十分巨大。中国城市人口占总人口的比例，1949 年为 11%，1978 年升至 17%，2005 年增加到 40%，现已接近 55%，中国居民的生活质量也随着改善。最近 34 年间，如果以购买力平价每日人均收入低于 1.25 美元作为贫困标准，已经有 5 亿人摆脱了贫困。与此同时，脱贫的人们除了有可能供职于现代岗位外，在电力、饮用水、教育、卫生以及其他方面也享受到出色的服务。

西方有些人会辩解说，支付给这些就业岗位的工资很低。然而数据表明，他们的工资水平 2010 年和 2011 年提高了 15%①。他们的购买力平价在中国是较高的，对这一点，西方有些人却置之脑后。这些人视而不见的还有，对于进入加工产业和经济特区工作的农民而言，他们的工资新收入与昔日境况相比，意味着社会的巨大进步。还有，如婴儿死亡率、孕妇死亡率和营养不良率等社会指标，均取得了实质性改善。

---

① 根据国际货币基金组织统计。

因此，中国以一种巨大的吸引力展现于世界舞台，年均吸收外国直接投资 2000 亿美元，国际货币基金组织估计 2013 年为 2250 亿美元。就大多数国家而言，中国对其工资水平、通货膨胀率、国内信贷价格，甚至政府可向居民提供的补贴总额，都有决定性的影响。之所以如此，是因为选择购买中国产品，抑或选择将本国的产业迁至中国，已经成为管理世界经济的关键要素之一。

不可否认，所有经济现象都会产生双重效应。中国的增长对于一批负债高、竞争力低的国家来说负面影响确实存在，但对其他经济体的积极影响却非同小可。2012 年中国出口 2.06 万亿美元，进口 1.8 万亿美元，致使世界价格水平走低，利率下降。主要原因是中国的国际储备有 3.6 万亿美元之多，且大部分是美国国债，使美国国债价格长期处于低位，同时也影响了货币的世界价值。由于中国的生产规模可观，机械设备价格走低，又导致世界其他地区的生产成本下降。

拉丁美洲最近 10 年取得的增长，大部分原因与中国有关。假如没有中国现象，拉丁美洲的就业和生产水平将仅仅是目前的 1/3，拉丁美洲的贫困面将更大。近几年，中国与拉丁美洲的贸易年均增长 20%，2011 年超过了 4420 亿美元。中国已同拉丁美洲国家签署了 18 个有关贸易协定，到 2020 年将升至 30 个[①]。

---

① 参见美洲开发银行、亚洲开发银行、亚洲开发银行协会：《构建亚太和拉丁美洲及加勒比未来关系》，2012 年。

尽管如此，拉丁美洲与中国的贸易额迄今只占中国对外贸易总额的11%，中国 2010 年在拉丁美洲大陆的投资只占中国对外投资的1%①。水平层次虽然欠高，但也预示着未来的投资新周期将会抵偿商品贸易。因为到那时，随着发展，中国不仅需要进口矿产品，而且需要进口更多粮食。美洲开发银行的这份研究报告指出，太平洋联盟成员国（智利、秘鲁、哥伦比亚和墨西哥）人均可耕地面积和淡水超过中国。拉丁美洲目前的未耕种面积有 1.3 亿公顷，而在中亚、东亚几乎只有 1500 万公顷②。可以预见，到那时，中国资本将启动在这些国家的投资大周期。要想成功利用这一契机，太平洋联盟成员国应该深刻领悟中国进步的意义所在。须知习近平主席在墨西哥参议院演讲中指出："中国今后 5 年将进口 10 万多亿美元产品，对外投资规模将超过5000 亿美元"，同时"中国出境旅游有望超过 4 亿人次"。

分 析 的 差 错

　　西方分析的最大差错之一，是对中国进步的诠释过分局限，只限定在经济领域，如商品贸易数量或其较高的生产

---

　　① 参见美洲开发银行、亚洲开发银行、亚洲开发银行协会：《构建亚太和拉丁美洲及加勒比未来关系》，2012 年。

　　② 参见美洲开发银行、亚洲开发银行、亚洲开发银行协会：《构建亚太和拉丁美洲及加勒比未来关系》，2012 年。

率。事实上，中国现象具有重大意义，本身完全是一种文明的发展。如果西方不能深刻理解这一独特现象所显现的历史和文化因素，如果西方不理解中国进步的根本原因在于传承千年的中国基本人格——现在首次面向世界——中的关键元素，还要继续盲目行事，就不会选取必要的弥补和适应措施，以应对中国文化、社会和经济显然无法阻挡的进步。

像欧盟 2013 年 6 月所做的那样，向中国太阳能电池板加征 46% 的进口税，理由是中国电池板在欧洲的销售含运输费只是欧盟生产成本的 12%。然而，收到的回应将是，中国有可能对欧盟销往其 4.3 亿升葡萄酒的市场准入进行加税限制。欧盟的措施出于"财务理性"，而未触及问题的本质。为什么中国早在两千年前就能生产出更多更好的东西呢？答案是文化因素。

要理解中国现象的本质，就应当深刻分析中国政治和文化的历史。不能把中国的历史囿于毛泽东 1976 年去世后的变革，而要以那些构建深奥的"中国特性"的基本元素，或中国传承千年的文化为出发点，去诠释历史。只有这样，我们才能够理解为什么中国早在一千年前的生产总值就是欧洲的三倍，这是根据麦迪森的估算①。本书的目的是研究一种经久不衰的、最深刻的文化元素，以理解文化元素在行为主体的单一和集体的行为中，是如何促进形成了长期趋向

---

① 参见安格斯·麦迪森：《世界经济千年史》，经合组织发展中心（美国）2012 年版，第 261 页。

的。为此，我们需要采用某些历史学家和社会学家的方法，他们没有研究过中国现象，但给我们留下了诠释的基本方法。

马克斯·韦伯：新教伦理
与资本主义精神

马克斯·韦伯希望其巨作（《新教伦理与资本主义精神》）能够证实"一些宗教思想对经济思维形成的基本影响"①。为表明这一点，在题为"忏悔和社会结构"②的章节中，他肯定了新教教义与经济理性主义对于"培育个人才能和人生目的"的重要影响③。因而，资本主义精神蕴藏在"时间即金钱"④的观念之中，金钱越多，就意味着"为上帝增益荣耀而效劳是值得的，避免了虚掷时光"。

对于新教徒，劳动是对信仰的一种肯定，是一种禁欲方式，一种道德教育，不能与豪华和奢华混为一谈。马克斯·

---

① 马克斯·韦伯：《新教伦理与资本主义精神》，经济文化基金出版社2011年版，第65页。

② 马克斯·韦伯：《新教伦理与资本主义精神》，经济文化基金出版社2011年版，第73页。

③ 马克斯·韦伯：《新教伦理与资本主义精神》，经济文化基金出版社2011年版，第77页。

④ 马克斯·韦伯：《新教伦理与资本主义精神》，经济文化基金出版社2011年版，第86页。

韦伯援引了理查德·巴克斯特所著《基督教指南》——英国清教伦理学的最佳概述——一书中的说教："上帝指明了致富之路，谁不遵循，谁就不是上帝的仆人"①。因为，"期待自己一贫如洗不啻是希望自己病入膏肓"②。由是，财富只是一种临时性的符号。在韦伯看来，按照这样的思想，新教徒、加尔文主义者和清教徒是诚实勤劳的资产阶级，是他们推动了西欧和北美的发展。这就是韦伯的中心命题。

然而，韦伯所做的努力的缺陷，在于其根深蒂固的优越种族中心论。他开篇就指出，"只有在西方，科学才真正处在我们今天认为有效的发展阶段上"③。他甚至不惜说，除了西方之外，"不存在理性法学"。作者自然未提及孔子的《论语》。尽管他坦承对亚洲了解甚少，却说："印刷术在中国古已有之，但印刷经典却问世于西方。"④ 而像利玛窦这样的欧洲耶稣会士，在大约公元 1600 年就赞叹不已地称道，"在中国发现成千上万册的印刷书籍，数量浩瀚，价格低廉"。韦伯显然对他们的证言不予认可，他断言，"政治和

---

① 马克斯·韦伯：《新教伦理与资本主义精神》，经济文化基金出版社 2011 年版，第 222 页。

② 马克斯·韦伯：《新教伦理与资本主义精神》，经济文化基金出版社 2011 年版，第 224 页。

③ 马克斯·韦伯：《新教伦理与资本主义精神》，经济文化基金出版社 2011 年版，第 55 页。

④ 马克斯·韦伯：《新教伦理与资本主义精神》，经济文化基金出版社 2011 年版，第 57 页。

社会团体及官吏的议院组织功劳，只属于西方所有"。这样的论断同样证明其对情况知之甚少。韦伯不了解关于公元前2世纪汉朝太学三万学子的情况，也不知道有关两千多年以来数不胜数的考试、考生和通过考试及格的学士，其数目从12世纪的3万人到14世纪的40万人之间上下波动。这种考试采取匿名制，由公证员书写，以避免通过识别考生作弊，考生只能以其数字代码识别。

韦伯也不了解在《世界经济千年史》一书中有关中国公元1000年至1200年生产总值的数据。例如西欧1820年人口9000万，生产总值以2000年价格计算达1630亿美元，而当时中国人口3.81亿，生产总值超过2280亿美元。马可·波罗谈到13世纪末长江沿岸的贸易时，曾不无惊讶地说，"我向你肯定，这条河流如此之长，流经地区如此之广，沿岸城市如此之多，老实说，贸易数量和交通流量超过基督教徒所有的河流及其海洋"①。

尽管有这些缺失，但对于从文化角度分析当今世界所发生的事情，韦伯的基本命题提供了一个重要范例，"一种神秘色彩的宗教，不仅能与明显是实在论的见识完全兼容，甚至能对诡辩论的不可兼容性提供最坚定的支持"②。正如作

---

① 帕特利西亚·巴克利：《中国历史》，书籍天空出版社 2009 年版，第 187 页。

② 马克斯·韦伯：《新教伦理与资本主义精神》，经济文化基金出版社 2011 年版，第 57 页。

者解释的，加尔文主义者、禁欲主义者、卫理公会教徒和清教徒，他们"具有更强的内心坚定性对其自身存在的路德式道德进行持续控制和调节"①。在本书中，我们将采用这一观点来分析儒学伦理及其在中国内外的影响。

韦伯在结束其巨作时，思考过他那个时代的资本主义已不再需要禁欲主义，曾自问："谁来生活在这个铁笼里呢？"他说："在其发展程度最高的地方，比如在美国，追求财富已经失去了宗教和伦理的意义，相反正在日益与纯粹世俗的情感结为一体，从而实际上往往使它具有娱乐竞赛的性质。没有人知道未来谁将生活在这个铁笼（壳体）里；在这场巨大的发展告终时，是否会出现面貌一新的先知；或者是否会出现旧观念、旧理想的大复兴？"②

那么好吧，当今资本主义如何增长，世界生产如何发展，大部分答案要由韦伯知之甚少的中国文明和儒学伦理来作出回答。也许，用中国文明和儒学伦理能够回应韦伯在书中最后所表达的忧心忡忡的心情。

费尔南·布罗代尔：长时段

布罗代尔在其革命性的著作《菲利普二世时代的地中

---

① 马克斯·韦伯：《新教伦理与资本主义精神》，经济文化基金出版社2011年版，第161页。

② 马克斯·韦伯：《新教伦理与资本主义精神》，经济文化基金出版社2011年版。

海和地中海世界》① 一书中，根据历史的厚度和持续的时间，划分了其不同层次和节律。这些层次，短时段、中时段和长时段处在同一个时期。他把长时段界定为高度稳定和长期持续的一种历史高度，具有陆地居民或文明形成的前景，与中时段阶级斗争变革国家或推动革命的"局势"大为不同。两个层次的迥然相异，在于我们记为小历史的事件或波动的高度。用长时段观念去理解，就能懂得形成民族—文明或政治制度的聚合性心理支撑的大潮流。如果说"小历史"的基础是个人和精英，"中历史"的基础是国家的阶级和集团，那么"长历史"的基础则超越国家本身，就像生气勃勃的地中海可能成为"历史主体"。

就布罗代尔的这本书而言，对于中国，这一历史主体可能是长江和黄河流域空间，犹如连绵不断的舞台；其沿袭了几千年的空间统一辩证法，亦如我们称为儒学中心思想的底基。

在西方文明和中国文明众多的差别中，有一个差别我们从现在起必须要强调。因各种原因——以后加以说明——中国文明中的个体和集体意识的发展，基本经历了一个长时段的历史。也就是说，其包含的内容是经过延续千年的长时期形成的。这样就构成了其对历史的回忆方式和务实心态，正如李光耀描绘的那样，牢固地铭刻在一幅瓷砖镶嵌的中国画上。然而，我们西方充满矛盾和猜疑的思维模式，几乎是在

① 该书 2001 年由经济文化基金会出版社（西班牙）出版。

短时段的历史中形成的，或许可以把中时段波动的说法作为一种例外来参考。至于似乎西方具有长时段历史的看法，如基督教时代肇始的宗教会议，恰恰使我们更加远离中国，因为会议提到了创世主以及宗教对世俗事务的直接干预，而中国文化中则不存在这些元素。

还有，21世纪中国文化名人除了会讲不同语言外，还可以阅读孔子弟子两千多年前书写的手稿。相反，我们，不管是拉丁的或盎格鲁-撒克逊的后代，几乎没有人能够做到去阅读亚里士多德的文章，或米利都学派的、阿那克萨戈拉的作品。这是因为再现自然的象形或图画文字，有别于我们重建属性的字母文字，还因为各种民族以不同文字和口传方式继承历史。

这些差别使得中国的长时段特性和基本务实精神，在一切物体或技术的身后还能继续存在。因为行为和产品看似相近，其心理内涵和动机却各不相同，简而言之，包含的意义不同。从历史文化去诠释，恰恰是我们全面理解中国发展的社会含义所欠缺的。目前，西方关于中国现象及其未来的种种探讨和解释，都是从商品角度出发，既未研究儒学，也未领悟象形文字流传千年的意义。

阿诺尔德·约瑟夫·汤因比：
历史的理性空间

对前面提到的两个元素：宗教伦理动机和时空厚度的短

暂性，应该以英国伟大的历史学家阿诺尔德·约瑟夫·汤因比的研究成果做进一步的补充说明。他在其著作《历史研究》①中提出了历史"理性领域"的概念，来区分文化的巨大推动作用。他认为以"文明"的概念去诠释，要比以民族历史更为全面。根据汤因比的看法，文明是行为的历史主体，凝聚了不同民族来应对某个刺激或基本挑战。在我们研究的案例中，地理统一的长江和黄河流域，一度是"文明"的承载者，并"向内"生长，其存在包含丰富的内涵。

从广义上说，文化表现的是人与自然的关系和社会自身的关系，但随着时间的流逝，对于同一命题会给予不同的答案。西方遵循的道路是，在 18 世纪强调蒸汽机——将人才聚集在能源周围，增加生产，更新知识——并以印度的殖民化和海洋霸权来整合大不列颠帝国在世界的空间。

要解析目前的中国，运用阿诺尔德·约瑟夫·汤因比的观点是合适的，尽管在中国具有新含义的儒家制度的说法，似乎与这位伟大历史学家的"创造克星"观念有矛盾之处。按照汤因比的"创造克星"观念，某些情况下对某个在前一时期很关键的制度的盲目崇拜，随之而来的是"无意识行动"和解体。然而，当前中国的经验表明，恰恰相反，由于传承千年的观念和制度冠以不同的称谓，使中国的才能和思想得以在世界扩展。

除此之外，与印度、埃及或安第斯等其他伟大的文明不

---

① 汤因比：《历史研究》，艾德哈萨出版社（马德里）1963 年版。

同的是，中国在一个不断寻求统一的行动之中，将以其富有生命力的伦理和经久不衰的文字视同为文明和民族国家，这与汤因比历史哲学的线性特性相悖。汤因比提出的对各阶段——增长、停滞、解体、普世教会或复兴——的回应，适用于较小文明的暂时发展期。或者说，在中国，暂时发展期的延续时间也许极为漫长。

凯伦·阿姆斯特朗：大变革，对卡尔·雅斯贝尔斯"轴心时代"的研究

伟大的历史学家凯伦·阿姆斯特朗，在其划时代的著作《大变革——佛教、苏格拉底、孔子和耶利米时代的世界》①中，发展了卡尔·雅斯贝尔斯提出的轴心时代论点。雅斯贝尔斯认为那是人类精神发展的关键性时期，自那时起，轴心时代的民族在以不同的方式演进。② 根据这一研究，我们能够回答如下问题：在哪个时期——也许是在公元前 5 世纪，大的文明选择了长时段的各不相同的宗教伦理道路？

事实上，存在着一个逻辑推演时期，在这个时期，古印

---

① 凯伦·阿姆斯特朗：《大变革——佛教、苏格拉底、孔子和耶利米时代的世界》，帕伊多出版社（巴塞罗那）2007 年版。

② 参见卡尔·雅斯贝尔斯：《历史的起源和目标》，阿尔塔雅出版社（巴塞罗那）1995 年版。

度的吠陀思想向内在自我的哲学思想转变；同时，以色列的宗教观变为基督单一意志教，以回应巴比伦之因；古希腊则受到启发，从观念上寻求永恒不变、真实存在的真理。

但在这个时期，中国未像上面提及的文明那样受到雅利安人的影响，因而走上了不同的道路，从"帝"这个商文化一元神（公元前1200年），向自然主义和作为其诠释方式的伦理方向演化。凯伦·阿姆斯特朗正是研究了其他一些文明是如何从自然转向创世主，而中国则如何从造物主转向自然主义的。

韦伯、布罗代尔、汤因比、阿姆斯特朗的论述，将我们带到各种文明的暂时空间和心理历史范畴，以根据他们提出的更深层次的元素来区分各种文明。他们的理论有助于阐述本书的主题，这就是：产品交换很大程度上表现的仅仅是物质要素，但在每件商品、每个经济运动之下都隐藏着某种赋予物体和解释不同生产的文化含义。伴随商品交流的，是现实主义对投机思维、秩序对混乱、集体协调劳动对个体观望的不同本质的交换。单从石头的运动无法了解投掷者的目的、目标。将物体从个体或集体动机里独立出来，意味着再次落入摩尼教将人类活动进行物质和精神相分离的错误。

如今，我们对中国之所以惊叹不已，是因为中国通过商品贸易第一次扩展其儒学文化或使其"全球化"，通过儒学文化为其所向披靡再次出现在世界舞台上开辟道路。简而言之，中国携其文化和集体生产一起走向了世界，这在人类历史上尚属首次。迄今为止，影响后果巨大，时间越长，影响后果越难以估量。

这里我们应对文化进行分析，舍此，我们无法借助中国的发展进程，结果会使我们的政治和社会体系受到中国速度的影响而左右。认为中国产品价格是人为的或是为了倾销的，就以保护主义措施回应，如提高关税或惩罚中国产品，这样做是不正确的和失去理性的。中国不可能对世界其他地区的消费补贴长达 30 年之久，就算像有些人所说的用国内补贴其居民来做到这一点，从经济和社会的角度看这难以办到。从实际情况看也确非如此。中国生产已上规模，资本也有积累，掌握了低成本技术，取得了科学进步，中国工业生产的增加完全在情理之中。尽管中国支付的工资要比西方低，但却正在提高。同时，这也促使农业生产增长，粮食产量增加十倍，与工资相比，粮食更廉价，他们的平价购买力比西方要高。这是一种良性循环。

然而，本书想要表达的是，以上所述并非是所谓新经济计划的产物，就像西方临时实施的那样，而是继承与创新古老文化体系的结果。让我们再次回想一下，根据安格斯·麦迪森的推算，在公元 1000 年，中国国内生产总值占世界总额的 22.7%；1500 年占 25%；1820 年占 32.9%。只是在1859 年之后，鸦片战争中欧洲的武力和贸易入侵，到 1945年日本离开，该比例下降了，这"顿时"给西方人一种其经济占优势的错误印象。

总之，由于中国积累了庞大的出口生产能力，中国也造福于他国人民，购置商品、矿产初级原材料和粮食，以廉价工业品进行交换，中国必不可少的就业岗位增加了，其贸易结算也获得顺差盈余。

我们再重复一遍，假如没有中国因素，就解释不清楚最近几年世界增长的主要原因。假如没有中国生产活动带动全球金属价格的提升，世界大部分国家获得的增速就不可能实现。同时，中国的资本和制成品又反哺了市场。这是第二次良性循环，这次是向外。据推算，到2030年或2040年，中国对世界其他国家的需求将有所提高，如肉制品、蔬菜、水果和海产品的需求将分别增加800万、4000万、1200万和2300万吨。① 另外，需要补充的是，新领导提出的中国"扩大内需"（住房、家用电器、基础设施建设）的思路，也将使矿产品价格保持高位。

当前的中国进程不限于
对毛泽东时代的改进

分析中国进程会犯的另一种差错是，不只是把其作为单纯的经济贸易现象来解释，而是过多联系不久前的政治，仿佛是针对毛泽东时代的一种简单的反应。针对这一差错，本书的另一个主题是，在两千五百年的历史进程中，中国始终

---

① 参见金晶恩：《亚太，二十一世纪地平线》，2011年，在拉美开发银行、秘鲁国际研究中心和迪埃戈·波尔塔莱斯大学举办的"世界舞台上的秘鲁"研讨会的发言，利马。

导论

坚持把儒学的伦理准则及哲学观念，作为维护持续稳定的元素。概而言之，这些元素就是：将自然视之为流动、安定、孝顺、遵守政治制度、中庸、和谐、形式规范和礼仪。

这些观念除了作为实现集体行动的工具，也作为进行伦理教育、精英选拔考试和任人唯贤的核心价值观，还是维护政治团结、保护家庭财产和反对国家垄断的手段。千百年来，中国文化的强度和表现水平有所不同，但其主要的核心构成是"五经"：《周易》《尚书》《诗经》《礼记》和《春秋》。除外，还要加上"四书"：《论语》《孟子》《中庸》和《大学》。

需要提醒的是，在"儒学思想"这个大概念里，也包含来自于道教和佛教的一些彼此互动的观念。中国的全部文化中，每个观念与其他的观念总是共存并互相影响。确实，在某些时候，这些观念的流行期，被称为"法家"，即被生活于公元前 1 世纪的"法家"之父韩非的追随者们所打断。他们认为，可以用唯意志论措施和法律来改变历史进程和自然变动。这些法家之中有始皇帝赢政、汉武帝（前 141 年—前 87 年）、王莽（9 年）和明太祖（1328—1398 年）。

儒学史溯源

依照"逆时序"简要地回顾一下历史（即从现今上溯至公元前 500 年），就可以看出儒学价值取向的令人惊讶的影响力和持续性，恰如一种"有机意识形态"（安东尼奥·葛兰西提出的观念），或者说中国整个历史时期好像有一个规范的"无法摆脱的思想"。在西方没有什么可以与之相似。只有如此才能说明白,两千五百年之后,中国的目标是实现"小康社会",实现国内社会关系和对外关系的"和谐"——他们使用的是儒学的一个古老定义。2013 年 7 月 1 日,中国通过了新的《老年人权益保障法》,要求成年子女定期探望年迈父母,否则要罚款或坐牢,该法采用的是孔子的一项基本原则:孝顺是一项义务。还有,于丹的最新作品《心中的孔子:当今时代的古代智慧》① 销售了数百万册。毛泽东时代曾经利用像"正名"② 的观念,在 1957 年发动"双百(百花齐放,百家争鸣)运动",就是受到了诸子百家流派(公元前 220 年)的启发。

邓小平,这位当代中国进程的首位带领人,其改革的起步措施是家庭联产承包责任制,取消人民公社,开设农民产品自由市场,承认利益是一个"人性要素"。邓小平曾说"每个人都需要反省自己"③,赞同持自由准则的儒学观点,反对思想专制。儒学社会主义者甘阳则提出建议,按照追随孔子的朝代创建的四权,进行宪制重建。广泛传播的《和谐与战争》④ 一书,则阐释了和平主义或儒家战术现实主义。更早些时候,19 世纪中国政治和技术改革的首位倡导

---

① 该书 2009 年由中华书局、麦克米伦出版公司出版。
② 参见《论语·子路》。
③ 转引自亨利·基辛格:《论中国》,兰登书屋(巴塞罗那)2012 年版,第 315 页。
④ 该书 2011 年由哥伦比亚大学出版社出版。

者康有为，甚至坦承自己是 12 世纪儒学大家朱熹的追随者。所有这一切，都彰显出儒学在大众世界、在政治领域和社会教育中的中心引力。

甚至在清朝 1911 年倒台后，都有人建议要用儒家观念来清除陈旧的思想习惯。当时，北京大学的一位领导人、共产党的创始人陈独秀，曾自诩为个人主义者、功利主义者和反儒家者，写了一本关于《孔子之道和现代生活》的书。但这些仅仅是知识分子某个流派的建议。不要忘记，1911年发生了水灾惨剧，有 250 多万人受灾，如同 1844 年那次水灾和两千多年里发生的水灾一样，向大部分中国人表明，清朝亦如从前的各个朝代，已不再系于天命，正像孔子和孟子曾警示的那样。"天命转移"，这是当时普遍的看法。

尽管如此，清朝统治者虽然来自满洲地区，并从 1638 年起至 1910 年统治着中国，也仍然接受了孔子的教诲。为此，增加了对学士和官吏的考试，采用了道德监察官或监督官的权力制度。清朝的主要皇帝，如康熙（1677 年）、雍正和乾隆（1799 年）都曾用理学来弘扬儒学。清朝末期，在稳固中国的努力中，大学士、政治家曾国藩从 1860 年起推动现代化、开放、"自强"等洋务运动，把铁路、武器、大炮和大量使用煤炭这些西方技术大规模引入中国。他也是根据儒学的观念行事的。

清朝之前是在中原土生土长的明朝，虽系"法家"朱元璋（太祖）创建，但也推崇儒学。三个世纪期间，明朝推动伦理考试，减税以发展贸易和农业生产。明朝之前，

1215 年至 1368 年间，蒙古人征服了中国，他们也力求遵循儒学思想，以补偿其政治伦理或哲学思想的匮乏。再往前则是 970 年至 1276 年的宋朝，正值儒学的黄金时期，出现了"新儒学"、道学家朱熹（1130—1200 年），明确地将儒家学说立为国学。

从 970 年起，宋朝在精英选择中强化了选贤任能的原则，通过匿名考试、公证员誊抄等方法避免考生作弊。还印刷了古籍上万册，通过信贷鼓励农业生产。直到王安石上"万言书"，建议宋仁宗用儒家措施解放农民。那一时期生产获得了大发展，虽然整体上几乎是内贸导向的，但中国在世界生产中所占比重较大。

我们可以将时光再往前推，继续论证儒家学说影响的深厚性和长期性。在唐代（626—907 年），随着唐太宗即位，儒家学派又出现一个黄金年代：家庭均田制、官吏考试、国立学校和大学扩增，善待道教、佛教和景教，以和睦相处。公元 220 年至 589 年期间是一个"分裂时期"，儒学虽未被舍弃，却被中断执行。随着南北朝分治，出现了与儒学不同的哲学倾向，如"竹林七贤"，推崇玄学思辨或"清谈"；佛教此时得以传入，宣扬灵魂转世的理论。

此前，在汉朝时期（前 206—220 年），儒学思想在政府的推动下得到巩固扩展。教育受到重视，视其为品行考评的原则，以至在人类历史上出现了首次由政府指示，将"胎儿教育"交由父母和家庭负责的情况。秦始皇及其子（前 220 年—前 206 年）垮台后，公元前 196 年的汉高祖皇帝时代，陆贾编辑了《新语》，儒学在汉朝的四个世纪中再次得到加强。还有一点十分重要且需要强调的是，儒学在经济方面坚持家庭自由和反垄断，表现为当时反对国家垄断的"盐铁大辩论"。此后直至 20 世纪邓小平改革的几千年里，反对国家垄断一直是讨论的主题。

公元前 220 年中国的第一个皇帝秦始皇，反对儒家最为激烈，下令焚烧古书，信奉唯意志论法学，反对（源自孔子传授的行为）习俗，但他也采用"监察权力"的观念并付诸执行。如今，甘阳在其儒学社会主义共和国的设想中也使用了这一观念，他的设想在中国被广泛传播与研究。①

然而，秦始皇及其儿子的法家统治只持续了十几年。在此之前，虽然战国时期（前 400—前 200 年）天下大乱，但孔子崇敬的周朝，在公元前 1100 年至公元前 480 年的统治时期，许多见解观点已付诸实施，被大师奉之为榜样以及达官贵人的道德操守，特别是在孔子赞不绝口的周康王时期。周朝建立了私有制，所谓八户土地私用外加一份公地的"井田制"，公地意味着要对国家的特别税赋付出劳作。

再往前推就是新石器时代，公元前 1700 年至公元前 1100 年的商朝留下的敬祖孝顺观念，后来成为儒学的组成部分，而一些不断激励中国社会的基本观念，则成为其政治结构的基础。最早的神话时代，夏朝特别是近乎神话的关于

---

① 参见丹尼尔·A.贝尔：《中国新儒家》，普利斯顿大学出版社 2008 年版。

轩辕黄帝的传说，更能表明连续性是中国文明的中心元素。

对基本思想的叛逆

反抗儒家思想长期占据统治地位，反抗数千年来以儒家思想为基础的政治制度，确实也引发了重要的社会运动。然而，这些运动持续的时间有限，缺乏儒家思想以及与儒学相似的道教那样的吸引力，更没有牢牢深入农民社会。汉朝末期，即公元3世纪，出现了主张太平的黄巾道，此后太平思想便被接纳到儒家思想体系之中。其后，12世纪明朝统治期间，起事的有红巾军，崇奉弥勒佛的白莲教追随者，也有一说起义是对大运河集体劳役的回应。

19世纪，太平军主导了反抗"外国恶魔"、反抗清朝的起义，揭露清朝政府拒绝维护自然的和谐。20世纪初，义和团代表中国人民回击了欧洲入侵者，反击了日本1895年和1904年对中国的凌辱。或许还可以将1940年至1976年间具有国家生命期的共产主义周期，划入对能够持续数十年的起义的研究视野之中。但是，所有这些反抗运动，以及蒙古和满族的征服、"法家"朝代及皇帝的持续时间，总计起来在两千五百年中国历史上只占四分之一的时光。经历了这些过后，儒家思想模式总是再度重现，有时带有一些创意，其他时候则更为正统。

儒学阐述了中国文化
能传承千年的实质

我们有必要提醒，所有这一切，并非在断言中国是由于学习遵循了孔子的教诲后，才成为历古至今的中国。相反，我们说的是，儒学过去和现在之所以具有如此的重要性，是因为儒学无论过去和现在都是属于中国的。在孔子诞生（公元前 6 世纪）许多年之前，新石器时代的中国商朝，距我们今天的时代几千年前，就已提出了基本准则，是孔子善于以条理清晰的方式，富有教育启迪意义地进行了综合概述。因此，儒学思想是中国"基本人格"的主要描述，是几千年以来被所有王朝认作是中国人的文化和行为的最佳概述。如今亦然，诸如于丹介绍儒学的书籍销售数百万册，政府颂扬"和谐"与"团结"，通过电视纪录片《大国崛起》，从观念上大范围地教育人民，对法家的唯意志论和闭关自守做法含蓄地提出批评①等。

本书的主题

本书不是纯"文化主义"的研究，所谓文化主义就是从某些思想或价值观出发去评价现实。与之不同，本书的研

---

　　① 参见丹尼尔·A.贝尔：《中国新儒家》，普林斯顿大学出版社 2008 年版。

究方法是，对长时段历史理性空间，对造就中国人、确认是具有鲜明中国人的特点的物质和观念的核心，进行现实主义的分析。我们认为，儒学思想提出的诸多重要原则，是整体而又全面且不失协调的，务实而非思辨的想入非非，累积而成且非一成不变的。当下，如同以前的商朝、周朝、汉朝和明朝，甚至17世纪的清朝一样，中国在重新发掘儒学思想中的精华。我们认为，正是这一点使得中国飞速前进，并能说明中国与西方的差异与差距所在，我们在书中对此将予以论证。如同马克斯·韦伯所言，一个宗教，对中国而言，一种具有神秘外表的伦理，可能更接近于活生生的现实。

韦伯坚持自己的看法原因众多，其中有农村的历史特性、小村庄间和睦相处、两千多年来的任人唯贤制度以及对四书五经的考试、象形文字等。

儒学意味着人的自然理解力的解放，家庭和社会生产力的解放。在这方面，邓小平通过个体和集团利益的关系，再度发掘出人类精神不容否认的自然特性，并称之为解放生产力。为此，他解散人民公社，将责任回归给家庭所有，也允许建立农产品市场。之后，欢迎外国投资，开启政治改革之路，激活了隐藏在中国社会深处百分之九十的群体的生命力。

1997年10月，第十五届党代会确立的共产党多元阶层的观念，似乎颇为新奇，或者有西方色彩，但实际上仍属儒学思想：和而不同，就像不同自然"流动"的古老思想。它肯定的是，不同要素未必像在西方那样，一个要消灭一个，而是相互补充，并且可以相互转化，从一个变为另一个，这在《易经》中称为阴和阳。《论语》写道，"孔夫子是位圣人吧？为什么这样多才多艺呢？"子贡说："这本是上天让他成为圣人，而且使他多才多艺。"① 孔子之后两千五百年，江泽民主席重新谈及这一主题时说："不能简单地把有没有财产、有多少财产当作判断人们政治上先进与落后的标准，而主要应该看他们的思想政治状况和现实表现……（对）社会主义事业所作的贡献。"②

这一观念十分关键，它能帮助我们理解中国思维的基本结构如何有别于实在论，而西方思维在很多方面受实在论的影响很深，对此，我们将在第二、三章谈及。

这样一来，劳动、资本、技术和科学进步如今都是组成共产党的元素，是参与利润分配的生产要素。劳动者、中产阶级与企业家根据他们对致富的贡献一起参与对社会的领导。1988 年宪法修改后开始承认私有制是对公共和社会经济的必要补充。1999 年的修宪同样表明，私有制是对社会主义市场经济的重要补充。

因而，如同 2004 年修改后的宪法规定的，私有财产不可侵犯，国家应向合法取得的私有财产提供保护。社会阶层的差异推动了致富，这正是多样性的自然表现。丹尼尔·

---

① 《论语·子罕》载："夫子圣者与？何其多能也？"子贡曰："固天纵之将圣，又多能也"。

② 江泽民：《全面建设小康社会 开创中国特色社会主义事业新局面——在中国共产党第十六次全国代表大会上的讲话》，人民出版社 2002 年版。

A. 贝尔在其著作的一章，设计了胡教授与孔教授这两位大师的对话①，重建了儒学的自然多样性观念。依据这些看法，邓小平及其继承者们，如同中国不同朝代数千年所做的，在废除法家或唯意志论者建立的垄断的同时，在社区、市场和家庭中调动了中国人的创造力。

如今，中国新的大跃进，而不是昔日的"大跃进"，首次面向世界其他国家。我们对这一现象的理解，还应联系中国思维的千年连续性，本书在介绍中国"基本人格"的每个实质性元素时，都将介绍中国思维的连续性。

儒学和新儒学思想的基本主题

在所有的文化和宇宙起源学说中，首要的主题是赋予人在自然和宇宙中的位置。对此，中国给予的回答与西方哲学提供的答案完全不同。第二个主题是有关神性超验的定义和是否存在（或不存在）一个创世主。第三个主题是中国社会特有的集体形象，空间巨大、人口众多，其"文化"及想象的时间洞察力。第四个主题是以可视性方式体认现实的奇特方式，也就是说，把现实看作是眼前的一切，而不仅仅提出诘问或问题，然后不得不去推测以重建现实，而西方几个世纪以来正是像后者这样行事的。我们可以发现，中国和

---

① 参见丹尼尔·A.贝尔：《中国新儒家》，普林斯顿大学出版社 2008 年版，第107—127 页。

西方给出的不同答案，与中国的象形—图形文字和西方的字母文字之间的差别有深刻关联，或者相反，是文字差别的产物。因为两种文字的书写方式，决定了两个社会就有关自然和神的问题在理性和哲学上存有不同看法。

这些主题构成了中国的"基本人格"或"性格"，它们对于社会和生产的后续影响，比商品交换的货币计算要深刻得多，因为这些后续影响促进了形成商品生产的集体行为。

本导论提出的假设是，1978 年起步的改革实际上是一条漫长道路的重启，这条道路之被中断，在中国朝代历史的两千五百年中很少发生。

从我们的文化视野去理解中国其实并不困难，但由于我们的推理和认识重建现实的方式不同，有些问题不会去论及。我们要说清楚中国人的勤奋精神、务实态度、生产效率和政治秩序，只有诉诸"极其"长的时空方位，去诠释数千年来"中国性格"的基本元素。研究了儒学的中心主题之后，我们才会领会为什么经济和生产有了动机和含义，人们就能较快地从不同深度去谈论这些动机和含义。做到这一点，要靠基本架构，卡尔·雅斯贝尔斯在其名著《世界观的心理学》① 中，将基本架构称为"世界观"。欧美当今和未来的当政者们应当对世界观加以研究，以理解他们治理的世界、他们生活在其中的世界。

---

① 卡尔·雅斯贝尔斯：《世界观的心理学》，格雷多斯出版社（马德里）1967 年版。

第一章 中国『性格』

自 主 性

中国人对自身以及国家反思的第一个历史特点是，历来自认是一个自主群体，两千三百多年里仅被征服两次。就是这样一个人类群体，曾用其文化力量将蒙古和满族征服者融入其特性之中，之后又以同样的文化力量摆脱了他们的统治。

多元的和谐统一

第二个历史特点是，中国人在自认是自主群体组成部分的同时，明确认同国家团结的主权观念，明确认同中国是一个地域辽阔、历史悠久、有文字文明、齐心合力的实体。

据此就可以理解在中国两个传播最广的"游戏"，围棋和《易经》卦象，其特点与西方游戏全然不同。围棋的棋盘拥有纵横 19 条线，每个棋手有 181 个棋子，既无引力中心，也不像象棋那样有可被"将军"的国王。围得空间多的为胜，游戏为无数并行争斗。在不限定的时间内进行大量的多方位逻辑推理，向对手大部分棋子展开战略性围困，这使我们想起了在信息技术和全球化引领下目前贸易和经济具有的网络结构。玩游戏需要一种耐心战略，而不仅是大胆进取。

另一个游戏，是最为人熟知的《易经》卦象，传播流行已经三千多年，甚至比收集在"五经"中的《易经》还要早。它以可视方式，通过 64 个图形的卦、6 条爻平行连线为阳或断线为阴，呈现一种思想体系。其目的并非用来占卜，而是将某种形势或宇宙万物周期变化的所有可能性进行有条理的排序。因其极为复杂，以至可以识别出对控制最低承受力的可能性，这使人想到克劳修斯和玻尔兹曼阐述的正熵热力学定律，即在相同情况下，个体因素趋向找到其最有可能的排序。或者相反，使人想起负熵定律，根据该定律，一种体系不断产生出数量和复杂性日益增长的关系。无论从无序到有序，或者相反从有序到无序，正或负，扩散的阴和集中的阳，这一切都存在于具有所有可能性的集合体中。路德维希·玻尔兹曼是在三千年之后对此进行了阐述，说无序测定可建立一个方程，根据该方程，一个体系内熵的数量，是与可能的微观粒子数量的自然对数成比例的。

这是科学炫耀吗？不是，而是西方人不甚了解的中国思维的复杂深刻性。重要的是，《易经》卦象阐述和排列的全部可能性，再现了受变化支配的自然宇宙的整体，以及周而复始的所有可能性。我们在以后便能意识到，这一点与中国思维的"可视性"相一致，体认自然及其整体"内在"，无需对在其之外的进行解释。

且看《论语》中有一篇怎么说的吧。子张问孔子："今后十世（的礼仪制度）可以预先知道吗？"孔子回答说，"商朝继承了夏朝的礼仪制度，所减少和所增加的内容是可以知道的；周朝又继承商朝的礼仪制度，所废除的和所增加的内容也是可以知道的。将来有继承周朝的，就是一百世以后的情况，也是可以预先知道的。"① 这就是在《易经》和正熵的逻辑中使用的整体推理。一切都在自然之中，在流逝的时光之中。

　　围棋和《易经》卦象这些游戏体现并培育了中国的理性。这些游戏与如今人类相互沟通的经济布局正相符合，它就像"全球化"时代的一个网络。我们或许也意识到，这些游戏与中国文字再现自然的特征相符合，中国文字至今保持着许多象形和表意的要素。另外，在把自然诠释为一个整体时，这些游戏与"存在的"——有别于西方的"存在或不存在"——补充要素或可能要素亦相符合。

重 视 历 史

　　第三，除了自主性和主权观念，中国"性格"还包括，体认双亲与子女的关系是联系自然和历史的元素；也就是

---

　　① 《论语·为政》载：子张问："十世可知也？"子曰："殷因于夏礼，所损益可知也；周因于殷礼，所损益可知也。其或继周者，虽百世，可知也"。

说，重视确保连接过去的亲属血缘，如孔子所说："只阐述而不创作，相信而且喜好古代的东西"①。对于中国人及其各个朝代，数千年来这些特点无一例外地构成了一个称之为"天下"的整体，即"天下世界"，或"普天之下"。长城的建造始于公元前3世纪秦始皇时期（前221—前206年），是这一自主性的实体表现，从而增强了其"文明"存在和"一统"存在的意识。

中国人永远都能意识到其人口群体的庞大。公元250年，中国人口有7000万；公元420年已是1.2亿；中国尽管有蒙古入主中原，到1300年是4.2亿。之后，由于满族统治、欧洲和日本入侵、经济失调、战争劫难，人口增长率降低。但到1968年，又出现人口膨胀。毛泽东谈到中国不怕核战争时曾警告说，再怎么样也"总剩有中国人"，便采用了传承千年的一个观念：人口多是中国力量之所在。

总之，这些地理、数值和文化元素，决定了中国"性格"或"基本人格"的社会关系。根据阿布拉姆·卡丁纳②的理论，我们可以把中国的基本人格定义为一个整体，它们具有内向性的共同特点，行为举止、理性表达受制于社会的"初级"制度：家庭和养育；同时也受制于"次级"制度：政治、宗教、艺术等等。

---

① 《论语·述而》载："述而不作，信而好古。"
② 参见阿布拉姆·卡丁纳：《个人和其社会：试论精神分析人类学》，伽利玛出版社（巴黎）1969年版。

中国"性格"之诸元素

1. 孝顺。中国保持家庭及其内在的服从关系，作为社会的原子。

2. 体认等级是上天和世界宇宙整体的自然元素。

3. 整体地、大规模地调动劳动力作为群体和团体优先于个体的观念。

4. 把维护礼仪作为传递指令、保持自然流动，乃至社会秩序与社会等级的手段措施。

5. 重视考察学士或官吏的服务伦理或责任心，要取得学士和官吏的资格，须根据其品行且经过考试，而不以隶属的社会阶级划分。凡夫俗子亦可以通过教育成为君子、绅士，所受的教育比"分配"已有的更具价值。我们要记得，早在 8 世纪卡洛林教育的三艺（语法、逻辑和修辞）及四科（算术、几何、音乐和天文）之前的两千二百多年，孔子就已确定了养性艺术——"六艺"：书法、数学、音乐和礼数、射箭和驾车。我们也不能忘记，中国在汉朝即已传播"胎儿教育"标准，远比如今建议的"最初训练"要早许多。

6. 体认自然和生命是不容置疑的可视事实。因此，面对生命，与罗马希腊文化不同，中国人对不幸或"超验玄学"兴趣无几。对中国人而言，一切尽在自然之中，如同所有的可能性皆在《易经》的 64 卦中。中国人的思维里，知识与实践不分离，理性与感觉也不分离。1056年①，胡宏曾解说道："非性无物"，这一观点希腊学派早先也有言及。

7.意识到永久流动和存在周期时间，周期节律由各朝代确定，流动中会出现中断，但并非决裂而是持续，因为每一异常之后都会回到前一状态。

8.调和主义，这是一种能够整合种种异同的理性心态。因此，发生过儒学与道教的交汇，通过禅宗吸收佛教，还与影响短暂的伊斯兰教交汇，交汇甚至包括基督教，后者曾对太平天国起义起过推动作用，在1911年民国诞生时也有重要作用（孙中山曾是基督教徒）。现在对自由市场也是如此，自由市场作为中国文化的组成部分已有千年之久。

简言之，正如我们此前指出的，中国思维是累积而成的，不是范式性的（既无地心学说的转动，也无期望的转动），是务实的而非推测的（体认可视的现实，而非观念上的重建）。另外，是整合性的，不是矛盾性的（异与同相互补充而非互相排斥），是具体的而非抽象的（现实地发生作用，不受外表迷惑）。

上述的理性心态或特点，赋予中国在世界新现实中一个重要优势。事实上，在当今这个信息时代，各激励因素彼此分离，没有一个决定性重点，最容易领悟激励因素的，是那些具有区分思维、能将个体整合，并且能象形或形象地再现个体的人。同样，在生产实际竞争的世界，一种文化的推测

---

① 译者注：应为1156年。

程度越低，就越接近现实——哲学上不讨论的现实，越适合进步和生存，这是基于围棋游戏的"淹围"逻辑。孙武在《孙子兵法》中曾说过，不战而屈人之兵，善之善也。

最后要提及的是，时间观念也非常不同。在西方，我们说的是政府和人的更迭，而在中国，则把周期和朝代理解为阶段，但每个阶段持续数百年。这恰如实行群体优先的原则、整体高于个体以及个体所为的原则，因为用"朝代"一词，就省略了十几个相继在位的皇帝。

这种情形发生在周朝（前1100—前480年），汉朝（前206—200年）；儒学主导的、自然主义的和闭关自守的唐朝、宋朝（970—1276年）；蒙古人1215年至1368年建立的朝代；以及此后复古的明朝（1368—1644年）。之后，"中国化"的满族人，在1694年至1911年期间全面采用儒学；尽管如此，一个半世纪后，太平天国仍揭竿而起反抗满族人。这些都带有深厚的古代中国根基。再后，1852年鸦片战争西方入侵，1894年日本发动侵略战争，具有千年历史的中国，其人民运动，例如义和团运动照样奋起反击。

近代，坚持自主性的力量采取了不同方式，如1911年宣布成立民国，或共产党诞生和胜利。尽管这些表现为在思想意识和社会形态上反叛陈旧文明，但从根本上说，是苦难深重的中国在抵御"外国蛮夷"的斗争中做出的回应。为此，在这一时期使用的更多是儒学文明自身的观念和用语。

在毛泽东去世后，开始重申自然是永久流动的观念。观念的回归还表现在强调多元化社会是对应自然的一个和谐整体。如今，中国人根据儒家思想明白无误地表示接受所有这些，介绍儒学的书籍销售了千万册（如于丹等人的介绍性书籍），通过官方的机构"孔子学院"，开始重新传播儒学思想。

需要强调指出，这些情况之所以发生，是因为孔子对在商朝（比基督出现还早一千年）或周朝（周朝末期孔子出生）时的观念做了最佳的综合概括。其全面性和大维度的时空整体性，使我们理解到中国历史的意义所在。在《论语》中，孔子避开时空维度和社会整体，指出，"施政者考虑全局而非局部，普通人考虑局部而非全局"①。

这一"内在"逻辑，不去问什么造物或创世的上帝，将自然定义为无需说明的永久流动，假如用西方哲学语汇表达，类似于巴鲁赫·斯宾诺莎的"能生自然"观念。这一定义通过象形文字和图形文字对自然的直接再现，而得到证实和加强。与西方的字母书写不同，象形和图形文字用文字"能指"的字和线条，确定并描绘出"所指"的事物。中国画本身也是如此表现的，以山和湖的形式表现出的自然突出且夸大，山湖畔的人物形象又细又小。

儒学：中国文化的引力中心

儒学的所有观念都是"内在"逻辑的组成部分，以人类为中心，不承认创世，而认为一切都是"非造物流动"。

---

① 《论语·为政》载："君子周而不比，小人比而不周。"

孔子这样解释："消逝的时光就像这河水一样啊，不分昼夜地向前流去。"① 说的是人应当在流动中再现自然，并遵循自然规律。因此，儒学信奉者弘扬社会乐观精神，反对法家或唯意志论者，后者是社会悲观主义者，追求的是用法律纠正人类的邪恶。人本善，最为根本的是根据孝道尊爱父母，构建和平和崇敬权威，权威也要意识到家庭是一个小小国家；反过来说，国家就是一个大的家庭。因此，在家庭和政治这两个层面，都要求要有"礼数"，也就是说，礼数和尊重是等级的佐证。正因为如此，血缘纽带在社会关系中才不断延伸。

中国历史上，从公元前551年孔子出生起到今天，儒学思想一直保持着很大效力。儒学思想经过孔子的弟子孟子得到加强，在公元前3世纪提升为国家意识形态。公元100年，儒学的汉朝学士们增强了儒学引力，汉朝最终将儒学变为国学。之后，儒学思想在公元450年②的唐朝得到进一步推崇。如此延续到以后各阶段，直至今日。

大众的道教：非创世流动

儒学的伦理和政治学说，与所有的思辨相异，却与道教有很多相同之处，道教的生成是基于老子著作的教诲（《道德经》，或"道书"）。这一宗教形式是在中国土生土长的，

---

① 《论语·子罕》载："逝者如斯夫，不舍昼夜。"
② 译者注：原文如此，疑有误。

根据有的历史记载，道教肇始于公元前 7 世纪，对王朝国家的家庭结构影响很深。相反，儒学有关权威和自然的伦理在中国上层阶级的朝廷和学士中变得强盛，两者相辅相成。这样的结合很能说明"中国性格"。

老子指出，道，是一种难以定义但明显存在的运动，一种不受思维决定和束缚的改造力量，一种秩序或宇宙的内在原则，要用语言表述本身就是一个困难，因为这阻碍了与大整体的沟通。要对"道"进行理解和定义，语词只是一种欺人之想。对"道"的体认，并非来自知识的"启迪"，如同接生婆之子苏格拉底在其《对话录》中所说的。说到这里，我们似乎看到了路德维希·维特根斯坦关于"语言蛊惑"概念的构想。

尽管道教有崇拜蒙古和西伯利亚非常古老的萨满教的背景，但它既不是一个信仰，也不像我们的宗教，有组织或集权的体系。道教认为，天地生成前有一种无目的的运动，在所有有形存在或个性化无形存在之前，都有一种力量。因此，它不会导出类似西方的神这样的魂灵形式，因为它从一开始就否认原始天国和被创造的地球之间有任何本质区别。这是无创世主的运动，如同孔子的天。这是可视的自然事实，在这一事实面前，无需发问什么是起源、目的或死亡。孔子这样解释说："还不知道活着的道理，怎么能知道死呢?"①

---

　　　① 《论语·先进》载:"未知生，焉知死?"

又说："我不想讲就不讲"。①

道教面对自然流动推崇无为，即"不采取行动"的原则，人们应把自己的活动限定在教规上，因为凡是预谋行动，其结果必适得其反。这一无穷尽的运动包含着在异同中变革："天下皆知美之为美，斯恶也。皆知善之为善，斯不善已。"在这里我们有必要指出，对老子和孔子两者而言，语言本质上应是再现性的；他们蔑视推测性的或重建的做法。

西方人认为，中国人的思维表达简要精炼。但这正是一种理性有决心的表现，一种选择性认知的方式。庄子在书中说道："物无非彼，物无非是；自彼则不见，自知则知之。"②

老子的大量至理名言在明朝被汇编成一部有 1500 册的正统《道藏》。有意义的是，老子和孔子的政治伦理互相契合，在数千年里反哺了中国文化。

佛教：一种自我觉悟

大约在公元 450 年，印度佛教流入中国，并随着大量佛寺的兴建和僧尼的增加而迅速扩展，直到后来被排挤，历时四百年之久。但在中国，佛教是一个"无神宗教"，通过中

---

① 《论语·阳货》载："子欲无言。"

② 《大变革——佛教、苏格拉底、孔子和耶利米时代的世界》，帕伊多出版社（巴塞罗那）2007 年版，第 412 页。

国禅宗被"孔子化或老子化"了，其影响不大。因为其寻求内在自我的修行、五蕴皆空，特别是灵魂转世化身的观念，与中国思维的本质相悖。中国思维不接受笃信净土，中国思维需要从他物中获得人性。一个集体文明，尽管其主张调和，但也不能接受佛教观点。再有，追问人类内心，是形神分离论的威胁。公元550年，儒家学者范缜就说，"吾手皆是吾神之分也"，以自然主义的铿锵有力断言，回击了灵魂转世化身的观念。

还有，把有形的身体转变成为一个灵魂连续不断的有形庇护所，并以此为上，这是无视身体首先属于家庭而后才属于个人的观念。儒学建构的是一个既无创世主又无天堂的伦理理论，对其而言，人类实现自身的条件是在自然实体世界里，而不是在此之外。信仰佛教就等同于说，64卦中所展示的所有可能几率，仅仅是另一个更大游戏的一部分，对此断然不可接受。

综述所有这些派别，可以看出中国文化提出将自然世界（天下）解读为服从联系天和地的国家或皇朝。支持这一点的是家庭内部等级，以及对祖辈必不可或缺的尊敬，必须向祖辈学习。这一文化核心流行了数千年，在此面前，像秦始皇、汉武帝这些法家和唯意志论者不过是浮光掠影式的人物。用布罗代尔的话来说，中国历史意识思索的是"长周期"。

司马迁的著作证明了这一看法具有巨大的重要性。他生活在公元前145年至公元前90年，在其130篇的《史记》

中，他详细描述了儒学、道教和法家三大派别，还定义了中国文明，将其与"缺乏文字、姓氏和尊重长者"的匈奴人作了比较。在中国的史书编辑和长时段中，与司马迁同样出类拔萃的是杜佑，他在公元800年撰写了关于中国典章制度变迁的《通典》，书长250卷5000页，就儒学演进提出了自己的看法。

第二章

文化基因及其差别

20 世纪最重要的发现之一，是揭开了基因和有可能破译人类基因体的篇章。基因体是脱氧核糖核酸的集合体，有数百万个碱基和上万个基因对氨基酸和蛋白质进行编码，有序排列在 23 对染色体上。研究人士估计，活性和非活性的基因数额有 3 万个，其分散片段被复制到信息载体核糖核酸上，根据目前的解释，用来传递和说明身体与精神的指令和信息。

重要的是，这一具有极其历史深刻性的信息，概述了生物数百万年的演变，决定着生物的行为举止，包藏在生物机体每个细胞之中，人类成员 99.9% 的基因是同一的。因此，所有使我们相互区别的，是只占千分之一的非同一的基因体。

我们在本书中坚持认为，发生在生物学上的，也会发生在表征的层面上，即文化上。文化如同基因体，把可再现的和可传递的要素结合成一体。它是一个所指与动机、符号与目标的体系，对人类的社会存在及其行为的不同层面，提供有意识或无意识的解释。在文化里面，既包括价值和动机的体系，符号和声音的本意，也包括与颜色相联系的、有建筑形式的结构，甚至表情、哭笑和家庭亲属关系的结构。所有这一切，除了具有社会、自然方面的意义外，还包括人与自然的关系、人与人之间的关系，等等。文化并非在所有时刻都表现意识倾向，但是，文化是态度和行为的载体，说明着思辨、欲望和意志。

如同脱氧核糖苷酸的基因一样，文化结构体现在书写的想象符号之中，在音乐和色彩调配之中，在制度和生产方式之中，在对空间关系和结构的解释之中。就像基因体是生物类的记载卡片，文化的传授发生在完全新的环境。基因体有一个核糖核酸的载体，文化则是通过起集体记忆体作用的文字再现或重建现实的方式。就像基因体表现出数百万年的发展痕迹那样，文化的创建和多样化经历了数万年，确实起了生物最后载体的作用。

文化促成先验意识和总体观念的形成，并赋予其意义，同样也提高了对物质世界和物体生产的加工能力，物体生产对个人生命是有益的，但同时也具有行为者依循文化赋予的意义和用途。曾有人说，即便是最简单的物体，也有使用价值、交换价值，也有文化价值或文化意义。

不同的文化有相同之处，就像不同类型的基因体之间有相一致的地方。秀丽隐杆线虫虽然只长一毫米，却具有人类一半的基因。在人类的体内，如前所说，几乎是千分之一的非同一基因，决定了全部差异和每个区别于他人的总行为。同样的情况也发生在文化构建的相互关联的整体上。表面相同，但仅仅因为某些元素，也许只是百分之一（譬如文字不同），就决定了行为及表达的完全不同。卡尔·雅斯贝尔斯在关于轴心时代①的观念中就是这样言述的。凯伦·阿姆斯特朗在其《大变革》著作中，虽然假设更加深入，却既未使用基因同一性的说法，也未得出最后的结论。

我们在本书中作为一种假设提出，中国文化和西方文化走着一条不同的道路：其行为基因密码不同，虽然不是不可调和，也许经过漫长时期可以杂交成单一文化结构。文化如同人类与自然体系的关系，时光和社会本身是一个统一体，所有的人都身在其中；他们的主题或问题是同一的；然而，根据他们回应特殊挑战的方式，他们可能倒向自然主义抑或倒向神创论。因此，文化和生物一样，杂交或混交有时是可能做到的，因为可以彼此吸取某一部分或某一要素，但其本身的含义仍由组成系统的整体所决定。

就本书的目的而言，我们指称的"西方"，是雅利安人开创的文化的思想主张、见解观念、传说神话和思维方式的整体；这种文化在美索不达米亚两河流域得到延续，犹太民族将其传承；之后，共享了希腊的宗教政治要素；再后由罗马基督教组合，在随后的几个世纪里扩展到整个欧洲。这种文化是一个思维与表达方式相互关联的集合体，尽管二者有时似乎相互矛盾。

但是若将西方文化与中国"性格"进行比较，我们就

---

① 参见卡尔·雅斯贝尔斯：《历史起源和目标》，阿尔塔雅出版社（巴塞罗那）1995年版。

能领悟到存在一种中国—亚洲文化，其思维和行动的中心目标与其他文化表面上看虽然相似，但还是有区别的，这是根源于它的某些组成部分、微粒或诠释方式。正是这些决定了中国文化是一种与西方文化全然不同的文化原型。

简要的重述

如果说确实存在一个"轴心时代"，那么由此曾派生出不同看法，卡尔·雅斯贝尔斯认为，这个时代是在公元前 5 世纪，凯伦·阿姆斯特朗发展了这一观点。雅利安文化是欧洲和印度本体的起始点；而那时，中国走的是一条独特的道路，不受雅利安文化影响的道路。

雅利安人，按其宇宙哲学，起源于通过认同自然来接近一位创世主：马兹达。但他继续与其对立面因陀罗和阿贡（对立一词从阿贡这个词派生）共存。读者在其发展中可以发现黑格尔的逻辑结构。同时，在迦南，因以利亚①的说教，将耶和华与自然世界分离，之后，之所以承认其为唯一的神灵，是因为以色列人从巴比伦——在希罗时代——回归的结果，作为对美索不达米亚多神论的回击。重要的是，在这两种情况中，自然开始有了一个创世主，为此世界就需要一种超自然的解释。

从希腊思维中也能领悟到某些相似之处。自梭伦时代

① 译者注：《圣经》中公元前 9 世纪以色列的先知。

（公元前 5 世纪）起，希腊思维便向理性主义演进。赫拉克利特曾说道，自然"喜爱隐匿，事物与其表象相反"，建议不要盯住意义。其后，带着刻板问题的诡辩学家们和普罗泰戈拉，面对已体认的可视事实却说"人是万物的尺度"，开始使人类远离自然。然而，是苏格拉底及其启发思维方式——在启发中抨击关于预先可知的思想，提议通过推理争论去发现真理、价值和美德——使远离自然进一步发展了。最后，柏拉图将认知主体引入到"洞穴"的比喻之中，即应当设法从"洞穴"对与非常不同于自然现实的逻辑现实进行分析。此时，在雅利安的极大影响下，在孤独寻找绝对的内心自我中，在轮回转世和涅槃中，印度思维应运而生。

但中国的道路不同，没有受到雅利安的影响。确实，从源头上看，根据古典文献《三五历记》的描述，自然的天地是一个鸡蛋，在浑沌了一万八千年之后天地遂分，天地之中的人类——盘古出现了，与天地的分离以相同比例增长。"天数极高，地数极深，盘古极长"。天、地、人三者，和自然，为单一事物，为单一运动①。至此已能看出，两者从一开始就存在巨大差别，不像普罗泰戈拉说的那样：人是万物的尺度。在中国，自然是人的尺度，正是同样的道理，公元 8 世纪流芳百世的诗人李白吟道，"天长地远魂飞苦"。

另外，从传说中的公元前两千年的夏朝、商朝起，很像

---

① 参见于丹：《心中的孔子：当今时代的古代智慧》，中华书局、麦克米伦出版公司 2009 年版，第 13 页。

"创世主"的"帝"的概念就越发不明确，而让位于信服祖先和自然①，由此开辟了与其他文明的不同之路。但这个"帝"不是一个造物的上帝，而是一个从未获得清晰的人格或性别的天帝②。因此，与中国思维中的可视事实或体认可视事实相比，对未知的也未见到的东西进行推测就变得荒谬可笑，中国思维远离了形而上学。只是在公元 200 年至 549 年南北朝分治时期出现了"竹林七贤"，才又重演了玄学家们的"清谈"。

三千年来，自然——人、天和地，尽管外表各不相同，但总是绵延不断。王安石（1021—1086 年）指出，尽管有日食、月食和地震现象，自然并没有根本的（突出的）改变。同样，人虽有不当行为，但总是朝向善改正的。胡宏（1106—1162 年）说道："道不能无物而自道"，反对将认识与实践分离，将理性与感觉分离。1492 年，王阳明（1472—1529 年）得出结论说，物致良知。因为普遍性的原则在所有人的头脑中，而不是新儒学家朱熹所主张的学而致知。对朱熹的说法，王阳明答道，远物之学，空也。③

---

① 参见凯伦·阿姆斯特朗：《大变革：佛教、苏格拉底、孔子和耶利米时代的世界》，帕伊多出版社（巴塞罗那）2007 年版。

② 参见凯伦·阿姆斯特朗：《大变革：佛教、苏格拉底、孔子和耶利米时代的世界》，帕伊多出版社（巴塞罗那）2007 年版，第 109 页。

③ 巴克利：《中国历史》（剑桥），书籍天空出版社（马德里）2009 年版，第 261 页。

中国的这种理性迥异于印度的戒律和西方相互矛盾的思辨。孔子说："我曾经整天不吃饭，彻夜不睡觉，去左思右想，结果没有什么好处"①。公元前 3 世纪，庄子的门徒之一，在《庄子》一书中深入解释了可视事实的观念，"心的功用仅在于跟外界事物交合。凝寂虚无的心境才是虚弱柔顺而能应侍宇宙万物的，只有大道才能汇集于凝寂虚无的心境。虚无空明的心境就叫做'心斋'"。②

西方文化和中国文化：
哈姆雷特和老子

总之，西方文化和中国文化对于关乎整个人类自身的重要问题都给出了答案：人类在宇宙中处于什么位置？迥异于个体或团体的力量——有些文化称之为神明，有些称之为魔鬼——的作用是什么？他们是自然和人的造物主吗？如果是，那么所有被造之物是否有始有终？最初的回答不同，对文化基本结构的引导也就不同，希腊思维引向矛盾性，中国思维引向一致性。

让我们假设一下，某一文化中有一位思想者，他自问"是否真正认识自然"，按其智力他理所当然地要这样提

---

① 《论语·卫灵公》载："吾尝终日不食，终夜不寝，以思，无益。"
② 《庄子·人世间》载："心止于符。气也者，虚而待物者也。唯道集虚。虚者，心斋也。"

出。这就是一种自问"存在或不存在"的文化。在这种情况下，认识对现实的重建，是由神话和社会原理表达的，是根据后者的解释来重新构建现实，因此是相互矛盾和复杂的原理中的每项原理在试图实现现实的最好重建。把家庭看作是与父亲发生冲突，把社会看作是对权威可能的拒绝服从，权威尽管是由多数选出，也认为这本身就是一种强加。这样的文化，活在一种"逻辑现实"之中，思考的也是"逻辑现实"。

反之，还有一种文化，对自然现实不作发问或不对其做出理性解释。自然界和个人都是自然的组成部分。这是一种人"在其中"的文化，中国的古汉语便能证明这一点。中国古汉语中没有"存在"一词，"在其中"与"是在"或"成为"，与"势"接近，弗朗索瓦·于连把"势"① 解释为一种无明显变动的状态，一种能量。这种文化将自然作为可视事实体认，无需进行逻辑上的重建，自然是一种累积的、相互补充的和非排他性的永久流动。因此，家庭和权威是自然生成的。因为没有创世的开始，也就没有终结，没有一个至高权威，而是一种必要的互补流动。

中国的这一选择影响十分深远，既表现在文字上，反过来又增强了文化。对于西方，自然是集合事物，文化是再现

---

① 参见弗朗索瓦·于连：《中国思维方式》，安特罗波斯出版社（巴塞罗那）2005 年版。

和支配事物，首先是发声，之后用 26① 个字母的混合组成图形，从视觉上表现这一发声。这样，书写符号取决于要先有发声，由此重建一个未来可更好显示的自然。这是一条矛盾之路。

相反，中国文化是象形或图形文化，认为自然是不容置疑的可视事实，中国文化描绘自然，正确地再现自然，没有将自然消融到可任意摆布的符号之中，用 26② 个字母的不同组合进行重建。象形符号不必先有发声，而是可以赋予不同发声。因而，人们使用的言语不同，无法相互理解，但都可以读懂同一个符号，这样，如今才有人可以读懂两千五百年来用表意文字书写下的东西。

西方文字有 26 个字母，可以随意组合，这使人怀疑其能否真实地再现现实。中国象形文字有上万个象形的、表意的和图形的符号，这些符号试图直接描绘现实。

这就是我们所说的文化基因，它对社会的意义和进步有着重要影响。两种文明都在从事制作一本书、一件纺织品、一个瓷器，但其真正含义是在这些物体的背后，或在表面相似的政治和家庭原理中。例如，西方认为，中国漫长的政治历史表现的是一种人类统治方式，这种方式显然是奴隶制的，对之应予以抵制。但中国人认为，所有的一切仅仅是集体的、自然的和不可否认的生活，经历了漫长周期或朝代，

---

① 译者注：原文为 25，疑误。

② 译者注：原文为 25，疑误。

在不同程度上是与自然相符的。

对于西方人而言，历史创造未来，可以成为通向自由之路，因为有过去，有一个起源。对于中国人来说，历史，如果有的话，也永远是自身的再现。西方人所说的未来，对中国人来说就是当下。

因此，人类是不变整体的一部分，抑或是从某时刻被创造的这两种说法，取决于置身在现实之中，还是脱离现实。置身在现实之外，就应对过去的现实在创建时进行推测性重建。除此之外，所有一切都要通过语言来进行。正如前面已经说过的，语言可以是一种任意使用字母符号的凭空重建，也可以是为了运用象形符号来记载事物的图案特征。

这就导致对像历史这样的主题给予不同的答案。对于西方，历史是一方战胜另一方的矛盾进程；而对于中国思维，历史作为正统同源，是过去的重复继续。这还导致在西方文化中不断提出各种不同的等级规则建议，却有可能不被遵守；而对于中国文化，等级是其本身，是流动不息而无变化的自然。关于父子关系，一种看法认为是相互矛盾的关系，但另一种看法认为，通过孝道确定身份。在其他领域，一种文明趋向征讨，另一种文明趋向确认和谐。

本书的要点是想表明存在着一种关键元素，可称之为"希格斯玻色子"，作为基本粒子来解释其他所有"文化粒子"团，或"千分之一"的基因差别；在生物学领域，基因差别说明人类同质多晶型现象。在文化领域，这一元素是文字，有关文字我们在以后章节中将会论及。另一个必须表明的要点是，邓小平起的作用之一是恢复了中国文化的基本元素。务实的和非思辨的网络型推理，毋庸置疑的整体逻辑，流动而非跳跃式的前进，劳动的集体含义，等等，这些正在推动着中国社会和中国经济在当今世界快速进步。

第 三 章

创世主与以人类为中心的自然主义

在西方的宇宙观和哲学中，创世主的存在是一个关键元素。一个未知的创世主，一位人类从未见过的、不可视见的创世主，只可能是推理的产物，或者是在"洞穴"内的信仰，而且是一个有争议的或有待论证的创世主。与此不同，中国人认为自己直接置身在或相信置身在自然之中。

西方受雅利安的影响后，导致我们现在看到的上帝是一副被剖露的样子。与上帝的直接交流使宗教变成一部强制性法典，而不同于中国的自然伦理。这就是摩西"十诫"中"不可杀人，不可说谎，不可贪心"等的含义所在，也与孔子《论语》有见地的叙述迥然不同。在《圣经》中，人类被驱逐出天堂，变得渺小、悲痛无比、容易堕落。而在中国书籍（《三五历记》）中，当天地分离之时，人类（盘古）的身材也以天地分离的同比例增长。

在西方，是上帝在发号施令，但你可以拒绝顺从，生命不过是未来与上帝相会的许诺。自索罗亚斯德在美索不达米亚文化中首次剖露起，西方文明就接受了创世主的观念，作为解释世界的原则。理解这一观念最重要的文献之一，是荷马的《伊利亚特》史诗，怪异的是，荷马不是一位文字作者，而是盲证人。这样一位历史学家，通过口头语言传颂其未曾见到的，为的是让他人记载下来。当我们研究书面语言时，这一悖论或代码——无文字和无视力的作家——具有重大意义：在字母中我们看不到物体的形状，在象形或图形文字中却可以做到。

在有关特洛伊城被围的描述中，人类的意志表现为众神之间的游戏，而让位于神性冲突。甚至众神也采取人的形状，以发展《伊利亚特》史诗中提到的历史。怪异的是，特洛伊是所有人类向往的"真理"，但是只有将其摧毁才能获得；从预示去接近认识——所有的肯定都是假设的、可证伪的，这个理论千百年来一直支配着西方。嗣后，在希腊神话中，没有众神之间的团结，而是分歧、冲突，也不存在众神连续的活动空间。神自身不出现在单一空间中，而是与不同物体相聚一起，如冥王哈迪斯在死人王国和地狱、萨图诺斯农神统治水域，宙斯的世界是大地和天体的空间。数百年之后，才出现了柏拉图在太空和易朽物之间分出不同的物质。

与之不同的是，犹太人只有单一的神——至少从埃涅阿斯起，即除他自己之外的万物造物主，这个创世主是通过口头代码而非书面字符来显示自己。在天堂，他是一个无文字的声音，一种听觉语言，在第二阶段，即与人类的相会中，在第二个盟约里才向人类递交了其书面律法，通过文字符号再现见不到的精神。

在此之后，西方宗教演变成一个对人称义、人有罪和拯救人的无穷尽的进程。上帝隐藏在《圣经》的后面，只能通过字母才能发现——教会改革派主张向人类自由地解释《圣经》并不是徒劳无益的。还有，宗教和哲学不过是一个通向上帝本人的过程，是一种理论神学，用来试图解释和证实上帝存在的意义，解释和证实上帝与人间的邪恶共存。

换言之，对于西方，在文字代码中寻求某个真正原始信息，是在寻求至善至美，柏拉图后来把这看作是属于生命永恒的伊甸园，或原始天堂的思想世界，在那里没有变化，没有过去，没有未来。因为人类被驱逐出天堂之国，注定要死亡并且履行再生义务之后，至善至美便与人类毫无关联了，此后就是一个个徒劳的、不断重复的企图，去接近那个天堂之国和自身的完善。

在这方面，犹太思维是认同希腊悲剧的痛苦背景、感情净化和教堂唱诗的。留给基督教——其继承者——的是另外一些，即必须从有罪、忏悔和惩罚中重新找回真正的原始形态。从此，基督教通过柏拉图的唯物论学生亚里士多德，最终体认到本性善和人有罪之间的异同。本性善，不是人为的，而是无变化的真诚世界；堕落的人类社会是低俗和虚伪的世界。换句话说，天堂只是口述而已，之后的文字世界，用路德维希·维特根斯坦的话来说，使人受到了符号迷宫的蛊惑。

按照柏拉图的洞穴说，囚徒在洞穴内只看到外界的阴影，是字母语言表现出的图形，所以通过语言只能领悟事物的阴影。孔子就不赞同这种语言掩盖手法，认为需要通过不断"正名",来精确定义每件事物、每个行为,"如果不能明确字的含义,语言就不是真理。如果语言不是真实的,就不能做事。"①

重要的是,创世主以后变成了无形的,与有罪的人类不同了。这一观念的产生,对整个西方哲学史,甚至对西方历史行为,都是一个关键元素,而与中国思维截然不同。

中国—东方文化整体,我们称之为以人类为中心的哲学,认为存在一种原始自然,它的形态被巴鲁赫·斯宾诺莎在其著作《伦理学》的第一部分定义为:能生自然是"通过自身而被认识的,换言之,表现永恒无限本质的实体属性"。根据这个定义,斯宾诺莎应被看作泛神论者。但这一概念属于中国思维关于自然的观念,认为自然是无创世主的流动。正如庄子所说,整体不能因思维而被分割或调和。只能说,如同老子在《道德经》中所指出的,"有物混成,先天地而生。寂兮寥兮,独立而不改,周行而不殆,可以为天下母。吾不知其名,字之曰道"。

这就是自然自我创造的可视事实,体认自然而从不提出任何怀疑。孔子说的"所有一切都像这河水一样啊,不分昼夜地向前流去"②,便与道教的观念相符。道教认为,起源是指整体,是无差别的,不是被创造的。因为道是先于天地的本质,是先于物质和精神区分前的永久能量。按照这一

---

① 《论语·子路》载:"名不正则言不顺,言不顺则事不成。"
② 《论语·子罕》载:"逝者如斯夫,不舍昼夜。"

逻辑，不可能认为可朽物质（被生自然）似乎永久寻找完美不变的精神（能生自然）。被生自然和能生自然是同时同刻发生的，不是一个产生于另一个，而是像阴和阳之间不断交替变化。

　　将自然描绘成自我创造，像运动和流水，这对于了解两种文化的差异至为关键。自然是透明可视的，是一种直接和即刻直觉的推论结果，是一种本体可视事实，通过它了解整体，不需要借助语言。雅克·梅洛-庞蒂将其定义为"知觉现象学"，是对在世界之中的原初意识、身体感觉，而不是笛卡尔"自我"的认知意识。范缜在公元 500 年曾十分简明地表述过："吾手皆是吾神之分也"。

　　关于可视的定义，《庄子》（前 370 年至前 311 年）一书指出，"堕肢体，黜聪明，离形去知，同于大通"①。关于体认可视事实后的任何思辨，《论语》说，"予欲无言"②、"克己复礼"③，只须按照礼数要求去做，不要去思辨。道教方面则强调沉默先于言语的必要性。

　　可视事实不需要一个被剖露的上帝，或对起源进行解释；应再现和遵行自然秩序，假如无法做到，后退修复之就行，人可以犯错，自然不能出错。这一观念似乎与圣奥古斯

---

① 凯伦·阿姆斯特朗：《大变革：佛教、苏格拉底、孔子和耶利米时代的世界》，帕伊多出版社（巴塞罗那）2007 年版，第 412 页。

② 《论语·阳货》。

③ 《论语·颜渊》。

丁关于创世或作恶的神性之不可能的论点接近，但这只是形式表象，因为在亚洲既不存在天命论，也不存在历史"目的论"的目标和逻辑。

因此，在中国哲学中也不存在西方希腊式的痛苦。不存在不幸和傲慢、盲目自大，不存在迫使行为者应验其早先的厄运。每个人的心中都没有无意识。意识在每个人面前，在事物中，在事物流动中，在事物的过去中。

正如伏尔泰所强调的，中国哲理是一种无教堂、无中心、无必要为与上帝重建联系作出牺牲的伦理，而亚伯拉罕之子、基督或去特洛伊城明知走向其终点的阿基雷斯，却为与上帝取得联系作出了牺牲。没有人被驱逐出天堂，天堂就在眼前，在自然中，在人的至善至美中；这里一切皆有可能，无需外界帮助，"凡夫俗子没有荣誉和财富也可幸福"①。

因此，在《论语》中，弟子子贡说从未听到孔子谈论超验思辨，"夫子言性与天道，不可得而闻也"②。孔子回答其弟子，"还不知道活着的道理，怎么能知道死呢？"③ 孔子追随者荀子补充道，"天不公，为什么祈雨后下雨？无理，不祈雨也下雨"。孔子的弟子因此说，"孔子不谈论怪异、暴力、变乱、鬼神"④。

---

① 《论语·述而》载："富而可求也，虽执鞭之士，吾亦为之。如不可求，从吾所好。"
② 《论语·公冶长》。
③ 《论语·先进》载："未知生，焉知死？"
④ 《论语·述而》载："子不语怪、力、乱、神。"

在有关超验的、同人自身和相互关系无关的问答抽象中，应运而生的原则是，自然的同义词"和谐"，移至人性便成为"仁"和"爱人"①，对造物主的寻找，不应取代根本的、父系基因的血缘传承。由此可见，和谐的基础是每个人对其祖先的认同："与祖先相同"。

如同孟子所说，这一看法承认人本善，犹如水流动的本性，因为这既不是一种精神，也不是一个因恶行而从某个天堂被抛弃下来的不净之人。就此而言，儒家学者面对法家们的悲观主义，两千五百年来一直捍卫着人的乐观主义观念。那些唯意志论的统治者认为应当使用法律来阻止人本性的恶，因为根据他们的看法，法律作为意志的表述可以使人服从概念，甚至通过惩罚屈从自己的本性。明朝开国皇帝、法家暴君明太祖（1344—1368 年），曾停止官员考试十年，规定人民无偿劳役。关于惩罚，他说："上午我惩罚一些人，下午另一些犯同样错误的人，我也惩罚了。次日，又有人犯新错，前者尸体还没有移走，其他尸体接踵而至。惩罚越重，犯错越多。我日夜不得安宁。这情况实在无奈。被我惩罚的那些人，会说我是暴君。如果我放纵他们，法律失效秩序变坏，人会说我无能"②。

与此相反，儒学认为，维护秩序、尊崇先祖、尊敬父

---

① 参见《论语·颜渊》。

② 巴克利：《中国历史》（剑桥），书籍天空出版社（马德里）2009年版，第247页。

母、遵从权威，以榜样治理，是必需的。孔子在明太祖引发动乱的一千八百年前就说过："用法制禁令去引导百姓，使用刑法来约束他们，老百姓只是求得免于犯罪受惩，却失去了廉耻之心；用道德教化引导百姓，使用礼制去统一百姓的言行，百姓不仅会有羞耻之心，而且也就守规矩了。"①

这就是榜样和激励的原则。孔子进一步明确指出，"你治理政事，哪里用得着杀戮的手段呢？你只要想行善，老百姓也会跟着行善。在位者的品德好比风，在下的人的品德好比草，风吹到草上，草就必定跟着倒。"② 因此，儒学颂扬贤人官吏的作用，认为他们是人类最具有能力"恭近于礼"③ 的，因为事物间、人之间，不同历史阶段之间的关系是相互能理解的，并可以通过礼，即礼数和崇敬来传授。

政治上同样如此，自然主义的观点与西方神创论差别之大，以至文化所应回答的所有问题，诸如对人的定义、人的家庭关系、人与权威的关系、人的乐观或悲观看法，包括书写方式或事物以图案方式的再现，都存在着极大差异。

道教——在中国是除儒家伦理之外又一个指导行为的主要思维，这种肯定原始整体在天地出现之前是自身流动的观念，阻止信仰超验的创世精神的存在。因而，"当政者考虑

---

① 《论语·为政》载："道之以政，齐之以刑，民免而无耻；道之以德，齐之以礼，有耻且格。"
② 《论语·颜渊》载："子为政，焉用杀？子欲善而民善矣。君子之德风，小人之德草，草上之风，必偃。"
③ 《论语·学而》。

整体而非部分，普通人考虑部分而非整体"①，意思是说，皇帝处于回应自然的社会组织之中心，其角色是连接"道"以及"道"的组成部分——活生生的人，在天和地之间起桥梁作用。

不同的神灵

中国人除了拥有以人类为中心的伦理或哲学，观念上也接受神的存在，但认为他们不是创世主，不视其为至高无上的实体。本质上讲，这是些神鬼（凶神），是守护着房屋的先祖幽灵，或每一块土地的主宰，是用以确定身份的参照物。

这些神灵在某些场合与其他社区共有，不被认为是万能的主宰，更不是"唯一的创世主"。比如土地公或太阳公，是房屋和庄园的守护人；天后是上天皇后，在冬至这一天驱逐凶神恶魔。但各地都有自己的神，天神，或像太阳公、土地公，作为与自然的联系。一点也没有将所有神灵的本性强加在一个单独实体上，就像消融在自然观念之前看待夏朝或商朝时代的一元神②那样。

这样，每个城市都有自己的神灵，他与其他地方和城市

① 《论语·为政》载："君子周而不比，小人比而不周。"
② 参见凯伦·阿姆斯特朗：《大变革：佛教、苏格拉底、孔子和耶利米时代的世界》，帕伊多出版社（巴塞罗那）2007年版。

也有清晰的联系，有时共享占卜的香火。但没有教堂，没有一个起中介作用的牧师，没有关于创世的观念。过去一直如此，像盘古的鸡蛋。总之，在信仰或民间神话里，神是死去的恶人或魔鬼，在寻求报复，如同钟馗①，他在官吏考试中不及格自杀，过了几个世纪后变成了打鬼的神。

一些特殊神鬼的众神庙也在不断创新，加入其中的有水神、风神，甚至石头神和树神，这与万物有灵论哲学或泛神论自然主义接近，消融了西方人在精神范围内唯一创世主的观念。在哥伦布发现新大陆之前，秘鲁文化中的宗教观也明显是这样。

在这种民间信仰里，精神的作用，如同巫师强调通过祖先灵魂的占卜力量，被引到一个没有创世主的泛神论，因此也就没有一个单独的根本原则。

也许，这一关于自然的内在思维，与苏格拉底之前的爱奥尼亚人哲理较为接近，他们寻找的是共同的根本要素，在芝诺、阿那克西米尼、阿那克西曼德等人看来，是水、空气、不可分割的质料或火。然而，道教观念甚至放弃了物质，仅仅支持无精神和无物质性的流动或能量。

尽管这一观念——以人类为中心、主张自然和无创世主，在中国人中占主导，获得多数人赞同，但在历史上也曾出现过精神上期望救世主的教派。当应该与自然秩序起联系

---

① 参见巴克利：《中国历史》（剑桥），书籍天空出版社（马德里）2009 年版，第 231 页。

作用的帝王政权不能确保自然秩序时，他们便群起反对帝王政权，其中就有白莲教、红巾军等。

对这些团体而言，恢复自然秩序是期许新的宇宙时代，与基督复活或最后审判的观念绝然不同。他们的期许简简单单，就是让社会与上天重新联接，两者结为单个秩序或"道"。

体认创世主还是体认自然，这一点十分关键，对两个文明的影响十分深远。在西方，是反馈矛盾和寻找初始真理；在中国，是容许连续性和更高程度的权威。西方文化从复杂的字母中诞生，又增强了字母文字；在中国，以人类为中心的自然主义在漫长的世纪里保持了象形文字或图形文字，以及长时段意识。

因此，柏拉图《理想国》里的"洞穴"说，进一步引导了西方的思辨和对抗性，而自然可视性则促进整合、调和以及无中心网络推理，更接近于当今世界的思维、行为和经济的架构。

第四章

字母文字与象形文字

文化基因的希格斯玻色子

我们取"希格斯玻色子"一词作为一种类比物，来解释一个元素在某个议题一般定义中的重要性。希格斯玻色子，也称为"上帝粒子"，用于解释其他粒子的质量。在文明领域，文字似乎也具有这种基本作用；也就是说，它是每个文明"书写世界"的形式和方式，即形象地再现世界，或另一种情况，消融在音素符号之中和以音素单位重建文明。这说明，语言图形对于定义文化、基本人格、一种文明的历史和其思维构架有着重要意义。

本书认为，对文明的组成部分，我们之所以用不同方式去进行"社会思索和感受"，是因为我们的书写方式不同。根据罗兰·巴特的说法，文字履行的功能是一种个人和社会的记忆，是对生物记忆的补充。就这个功能而言，中国语标的自动作用，比字母文字承担的功能要大两倍多，这一点以后再解释。

我们不想从符号研究的角度谈及语言哲学或符号学。但是为了能够理解中国文明及其影响向世界扩展的主旨，这里有必要指出中国语言和文字的功能，就在于使事物具有可视性。象形文字以无可争辩的方式向世界展示自己及其表征的事物，直接代表了现实。而西方语言和字母文字呈现出来的现实重建，却是"随意性"的和推测性的，采纳了一些发声，之后是与事物没有关联的图形符号，以为这些就代表了现实。

字 母 文 字

总的来说，西方字母文字遵循的是以下逻辑：第一，自然和在场事物；第二，表现自然和在场事物的声音或音素，以象声法表现的除外；第三，表示声音的图形符号，通过26① 个字母的组合进行解码。按照以上顺序，每个音节代表声音或声音组合。之后，为返回到事物，反其道而行之，对符号进行解码，即对自然和事物重建，这些视觉图形的设计和声音，与原来事物在视觉或听觉上已无任何直接关联。这就是符号的随意性所在，对此费迪南·索绪尔有过论述。从字母上看，是符号（字形）的组合唤出声音（词素），譬如，发声为"树"的这个词，使我们相信和接受它代表有根有枝的植物，但其本身从图形上没有这样的体现。因此，记忆声音比记忆词来得更容易一些，是从声音唤出实物。

以字母方式重建事物的逻辑，似乎在为西方整个文化原

---

① 译者注：原文为25，疑误。

型定制一个模式，似乎是对现实进行推理性重建。由于事物在视觉符号本身中无法可视，因此所有现实都需要用神秘莫测的解释来说明，这就走上了一条苏格拉底启发式的道路，问题又一次出现，似乎是可视的，之后是逻辑式重建。因此，自然和社会生活的逻辑重建，就要求对其起源和终结做出解释。事物是怎么样的？什么时候被造出来的？用这一符号表现事物或者可以用其他符号吗？什么是真理？如何发现真理？

例如，如同语言所做的那样，在政治上再造社会关系，是从逻辑上重建，旨在重建一种平衡，一个法治国家，一个机构和团体的综合体。但这是一种矛盾思维，即对社会同一议题不断寻求和反复比较不同的解释或体系。创造出来的第二个"逻辑现实"，未必与现实相同，也不必再现现实。

因此，在康德、波普尔以及实证主义者眼中，认知理论是逐步接近的，他们是逐步成为语言哲学家的。科学与自然是可证伪的。同样，在社会事务中，法律也是一致同意的，是智力建设，因而能够像语言词汇那样任意专制地支配人类活动。但作为法律，注定要被废除或改变。政治世界，是规则和制度的集合体，其运行对所指的社会现实来说是一种能指。如果制度是专制的，就永远是自相矛盾的。

回到字母文字的议题，字母文字产生于26① 个字母的组合，以字母构建成书面符号能指，但也出现对这些图形的

----

① 译者注：原文为25，疑误。

拆分，这时就变成对发音能指的第二审所指。于是，对最初所指的现实和事物产生了双重掩饰。这一深刻议题取得进展，是在研究了汉语之后，并证明汉语不像其他语言在性别、单复数、人称、动词的式、时态等等上面要求语法正确。因而，如不使用特别式和一般式之间的差别，则不去进行三段论法演算，该法在西方逻辑和思维中是根本性的。

同样，形容词和名词的使用也不按定规并加以区别，就是不承认必然性和偶然性之间的差别，而这种差别引发了西方思想中唯名论者和唯实论者之间的大争论；也就是说，有些人为单纯的形式或思想的存在辩护，有些人认为这些只存在于具体事物之中。

与前述影响一样，还存在其他许多议题，能证明声音和文字对构建思维和政治行动的基本结构具有重要意义。

象形—图形文字

中国文化之路与字母文化之路完全不同。图画文字有一部分起初是造型图画，与象形和图形文字有关联。每个图形文字是文字的最小单位，代表一件事物，同时是一个字。从象形文字更容易回忆起所指事物，因为象形文字作为视觉要素，不像字母文字那样将音素分节清晰地发出。其逻辑是：第一，自然与在场事物。第二，象形或图形再现为一个保持自然为可视事实的符号。第三，发声，可各不相同，与符号相关联，另外可具有不同含义。

因此，同样是从自然出发，但自然的呈现，是通过大体正确地再现自然的符号：象形文字，表意文字（与象形文字组合来表达整体语义），图形文字（对基本符号增添词根：代表人或树的符号加上词根），音标文字（修改有相同发音的符号，增添其他组成部分加以区别，比如，对所指形式给予语义概念的词根：游泳，游过河，湿透）。

为举例说明，我们采用西尔维·帕盖特关于字的形成建议的图画。[①]

字的形成

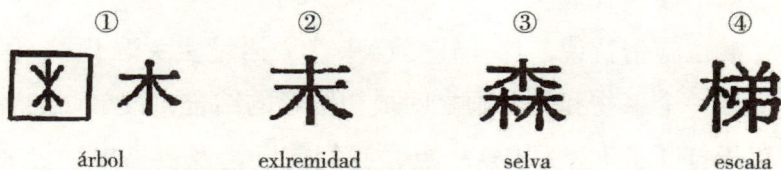

①	②	③	④
图 木	末	森	梯
árbol	exlremidad	selva	escala

1. 象形文字或造型图画：该例表现为一棵有形（其树根、树干和树枝）的树（木）。

2. 象形标记文字或指示标符：在树的最高处加长画线，标示顶端（末）。

3. 表意文字：以逻辑方式组合不同的简单字，形成新的字："三"个（即许多）木意味一片"森林"。

4. 表意音表文字（90%的汉字）：由音素和语音要素组成，表示在同一要素组成的字之间发音有些相似；为写

---

① 参见彼埃·让代尔：《中国、人民和文明》，探索出版社（巴黎）2004年版，第53页。

"梯"这个字，把木的紧缩图形放在左边，表示物体（木制成的），把念成 di（弟）的字放在右边。这样，字书写出来就不再有原来的含义和发音。

实物、声音和视觉符号之间的不同排序十分重要，因为"文字在语言事物和世界事物之间的关系中承担一种基本功能"。① 紧接着又说，语言的历史逻辑起始于描绘事物的象形文字，之后是暗指语义集合体的表意文字，再后是声音的"入侵"，不仅回忆起物体，而且是其代表的字。于是，从基于本体的文字转到另一种文字，一种注明语言事物的文字，即单词和音节。

赫仁施密特说，这一转变意味着"语境去关联化"，因为世界一个事物和其图画之间最初图形的结合，被单词的音节解析打断了②。关于这一点，我们前已论及，指出字母文字远离了可视世界。但赫仁施密特指出，语境去关联化"给世界以更大的抽象机会"。对此，我们应予以补充，这仅仅是指抽象的可能方式之一。

抽象或理论思辨的观念并非西方思维独有的，克洛德·列维·斯特劳斯在其名著《野性的思维》中，通过语言的社会准入容易程度，分析研究了基本社会的思维，阐明在基

---

① 克拉西·赫仁施密特：《整体、字谜和幻想：文字历史的诠释》；让·博太罗等：《文化、思维和文字》，赫迪萨出版社（巴塞罗那）1995 年版。

② 参见让·博太罗等：《文化、思维和文字》，赫迪萨出版社（巴塞罗那）1995 年版，第 100 页。

本社会中，存在一种低于抽象程度的"分类"思维。但他补充说，这一思维的构成要素，存在于目前所有语言基础之中。这是一种"基本"、"可视"思维，体认整体，同时把整体区分为指定的或"分类"的事物，却是接近世界的，像庄子一书指出的，"堕肢体，黜聪明，离形去知，同于大通"。

然而，对比其他更高层次的思维，"野性的思维"不是属于最纯朴种族特有的基本思维方式，也不是思维在其演进过程中位于底层的。事实上，是另一种意识方式。让-保罗·萨特在其名著《情感现象学理论纲要》① 中，把情感意识界定为借助工具意识而"对某物的意识"，自我意识或"分类"意识。对于情感意识，真正的整合是由引力和斥力组成，而不是由所指组成。

如果萨特的研究将意识区分为两个层次是合理的话，像我们在本书中所定义的文化也是合理的：或是在中国的思维中，"自然是可视的事实"；或是像我们在西方所做的，通过对符号去语境关联化的字母能指来"重建现实"。

然而，中国文字没有"语境去关联化"，而是更为复杂——据说《康熙字典》收集了47000个字，《易经》卦象的多样性展现出一种情势所有可能的选择。中国文字的每个符号都是某个意义的最小单位，每个字是不可分割、不可变动的，因此是给图形加发音，这与走相反道路的西方不同。中国口头语言虽然念读发音不同，但其书写成文字是同一

---

① 让-保罗·萨特：《情感现象学理论纲要》，赫尔曼出版社 1938 年版。

第四章

字母文字与象形文字

85

的，书写形式或文学语言使得人们可以阅读任何时代的文章。汪德迈因而预言，中国的意符学要拆分为口头语言和书面语言。①

因此，通过象形文字的再现，导使自然能被"看见"，体认自然为可视事实，而不是重建的或逻辑的自然，像在和谐中本身再现的整体流动，于是就不需要对上帝和其作用做说明的神学理论了。同样，对于中国思维，社会不是平衡的个体或制度原子的汇总，而是一种始于家庭并延展至政权的和谐。社会是"直接所指"，不是人为的，像西方所说的政治能指的重建。我们要记得，对于孟子，失道寡助，人可变成其他类型的人：无助之人，他是没有最亲近的人的关系的，如无依无靠的老人，失去父亲的少年或儿童，被抛弃的男士或女士。这意味着人存在于其他类型的人之中：不将他们划归为原子之类。

总之，字母文字将所指独立于能指，这对认知进程的原型具有重大影响。相反，中国初始文字的能指符号试图直接理解所指。中国口头语言也使用音节，有 405 个音节，但每个音节可能有四个音调，全部有 1200 个音节；将口头语言变为书面语言，每一个书写的字代表一个音节，伴随一个字义，尽管只规定一个读音。在西方的字母文字里，文字传递

---

① 参见莱昂·范德米奇：《中国文字和图形语言》，载让·博太罗等：《文化、思维和文字》，赫迪萨出版社（巴塞罗那）1995 年版，第60 页。

一个所指，能知道字母排序如何发音；相反，中国文字给整体转发符号，如绘制自然而不指明意义，也不指明发音，只有读到一个字才知道是属于哪个单词。

因此，两种文字是不同的，一个产生于 26① 个字母，用之构建代表发音和事物的书写符号，而另一个是用字去直接再现事物。中国在公元前 800 年的周朝汇集文字，到公元前 221 年，秦始皇为统一中国对文字做了强制性规定。之后，每个符号，或对一个物体的字的表形都表现出可视自然。豪尔赫·路易斯·博尔赫斯笔下的人物富内斯是"记忆强人"，他虽失去了抽象能力，但还能准确回忆起所有时期的每件物体。在中国，面对自然事物的可视性，较少有西方式的抽象、思辨和质疑。西方的抽象是矛盾的和重建的抽象，而中国的抽象是整体抽象。

在中国，每个象形表意文字是一个音节，一个字义，以一种声调来区别字义，声调可以是平调、声调、上声和去声。这在我们分析代表树的指数符号时已有证明，在树的符号上产生了代表"末"的观念的符号，之后是森林的观念，最后是代表木梯的图形文字。一切都来自初始形态。我们同样也能证实字的历史连续性，像巴克利所做的，将商朝（公元前 1000 年）的符号同现行文字进行对比。② 在现行文

---

① 译者注：原文为 25，疑误。

② 参见巴克利：《中国历史》（剑桥），书籍天空出版社（马德里）2009 年版，第 36 页。

字中，我们可以看到与字母文字完全不同的图形表达特征。

1	2	3	4	5	6	7
牛	羊	木	月	土	水	鼎

8	9	10	11	12	13	14
示	田	就	祖	逆	天	祝

中国现行文字（第二行）是从商代占卜者使用的符号（第一行）基础上演化而来的。

1. 牛；2. 羊；3. 木；4. 月；5. 土；6. 水；7. 鼎；8. 示；9. 田；10. 就；11. 祖；12. 逆；13. 天；14. 祝。

因此，在语义交流和文字上也往往使用自然和躯体要素进行"象征性表达"，如"百花"、"大跃进"、"白莲"等。简而言之，当一个民族的文字有了基本是象形的文字，自然是可视的，其接近现实走的不是一条假设矛盾的道路，也不会发生对重大思想理论的构建，这些理论来自于至善至美的境界，如共产主义或自由理想主义。相反，字母文字脱离现实，是事后重建现实，现实不表现在符号上，现实重建是凭空虚构和相互矛盾的，因为重建可以用不同方式来表现。

文字和支配：中国语言
让个人更自由

雅克·德里达，这位解构主义哲学家曾指出，字母文字似乎是表现词义本身，装作讲话人与所讲的词语之间没有置入任何独立的符号，而符号在语音表达中更加透明，因此我们认为所指本身就在眼前。[①] 用维特根斯坦的话来说，这可能就是哲学想要摆脱的"语言蛊惑"。

但德里达看得更远，指出这种"似乎是"标志着全部西方思维，反馈到选择冲突，甚至反馈到服从和支配的含义，因为对我们——西方人——而言，我们将能指置于所指之上，具有更大的价值。用一个要素支配另一个要素使得原型表里不一，支配要素于是染及整个思维。对此，德里达指出，现在时的"是"代表真理的真正载体，而不是"你将是"或"我们将是"。在其他议题上同样如此，精神比物质更有价值，男性比女性更有价值，本质比表象更有价值，或思想比描述的物体更有价值。雅克·德里达的这一分析非凡杰出，我们把这一分析应用到对两种文化道路的研究，发现正是象形文字和字母文字之间的差别，引导我们走上不同的文化道路。

---

① 参见雅克·德里达：《书写与差异》，安特罗波斯出版社（巴塞罗那）1989 年版。

德里达继续说道，西方关于意义的观念，是假设社会压抑是通过符号系统，并假设符号系统的秩序是一种压迫的历史，或对像疯狂、疾病、秩序、官僚等这些议题进行文化"定义"的历史。米歇尔·福柯和欧文·戈夫曼在研究暴力制度时对这些进行了深入探讨。① 对此，德里达提出建议，解构目前的符号系统，以选择一个反制力，使我们能重新开始再现现实。他分析的最后结论是字母文字导致思想意识的专制主义，他分析的一点也不错。

以上的引述是与本书相联系的，因为我们不应忘记那些强调法律是人的邪恶矫正器的"法家"。韩非（前233年）根据这一逻辑曾指出，"贵人守法，拙者受制于法"②。与这一立场相比较，儒学的宽容显然更具有压倒性的效力。

德里达对西方思维的分析是有道理的，他指出，西方思维中有对抗性的、极端的和相互矛盾的词语，它们中的一个置于另一个之上。但在中国思维中——德里达没有展开，道教的阴和阳是相互补充的，任何一方不强加于对方，因为它们中的任何一方都可转变成另一方。在中国语言结构中，性别、单复数、动词式的重要性较低，虽然似乎不够准确，但更重视的是交流，阻止"本质"（是）与"现象"（在）的

---

① 参见米歇尔·福柯的《古典时期的疯狂史》和欧文·戈夫曼的《避难所》。

② 译者注：原文当为"使中主守法术，拙匠守规矩尺寸"（《韩非子·用人》）。

对峙。这是两者的互补，不是自然秩序特别要赋予谁服从。同样，把对于下属的政治权威理解为一种关系，在这种关系中，如同在单行路和单行线上，下属与权威同样都是重要组成部分。

因此，中国思维中不存在发生在我们西方思维中那样的冲突和对权威的长期抗争。不应将此解释为是一种被奴役的或卑躬屈膝的人民的心态，否则就是将表面现象与文化意义相混淆。

总之，这就是文字和语言的巨大重要性。全部中国思维原型及其与西方思维的差别，就在于要素粒子——希格斯玻色子或文化决定性基因。凭借这样一个初始模式，中国社会挖掘出坚忍不拔、整合集成和物质生产的才干，这种才干赋予中国比西方社会更稳定和更持续的条件，在西方社会，有条理的怀疑或对手间的对抗最终总是一方战胜另一方。

我们以上阐述的这些观念，为的是起步研究文字在地缘政治范围的影响。当今通用语是控制论的、分类的、精炼的和非思辨的语言，中国的字词令人不可置信地早已达到了这种水平。互联网的交流语言是一种再现内容广泛的标志性结构的语言，再现全球化经济活动的语言。不存在一个单一中心，就像现在资本不存在一个中心，而是无边界地游动，覆盖整个现实。这是一个高度务实的非思辨性语言，与中国语言和文字形式有更多的吻合之处，中国文字具有一个再现整个自然的网络构架，正如德里达研究的那样，中国文字未提出强制性的规定。

　　以后我们将会理解，贸易行为方式像流动，中国不参与世界冲突，由于数千年来对蛮夷的尊重和"宽容"，中国用其哲理打开的大门比欧洲用大炮打开的要多，19世纪欧洲一度用大炮轰开了中国的港口，开辟与中国的贸易。

第五章

冲突思维与和谐思维

在西方对现实特有的推测性重建中，书写符号对于重建仅是一种表现而已，这些在康德的认识论或波普尔的科学发现逻辑中有所体现。对波普尔来说，所有论断如果想证明是科学的，一定是可以被证伪的，因为认识的仅仅是现象或者是假设，而不是现实本身。"未遇见"在西方引出的议题，是寻找创世主，或与人类被驱赶出来的初始世界里的至善至美思想再次相遇。

与这一矛盾道路相对的是可视哲学，总体观念像一种能生自然，自己创造和为自己创造。正如我们说过的，这种观念起源于文字，对宽容和务实心态产生影响。

在西方，康德前后，许多哲学家属于"结构主义者"行列，根据他们的说法，经验再现不出世界，只是认识现象，因此应寻求在其理论"书本"中再现现实。除此之外，环境还根据性别、历史、社会和社会群体的情况，为认知体系提出了条件。但我们意识不到这些条件，因为条件先于认识。因而，西方的道路是寻找思想、寻找创世主或寻找真理，隐藏着一种对所有社会和精神活动持普遍怀疑的心态。例如苏格拉底，通过启发所选择的道路，考察似乎是可视的情况或物体，通过发问使之成为问题，对情况和物体接连不断地重建以认识其逻辑真理。

苏格拉底就是这样开创了西方哲学，像是一个怀疑和猜疑的过程。这一过程由柏拉图继续，将至善至美思想与不至善至美的或易朽事物、将永恒境界与外表变化的境界相分离。之后，继续这一过程的是亚里士多德，一位柏拉图的学生和反驳者。这位"斯塔基拉人"将上述分离带至对形式和质料的区分，尽管他对此肯定，但也提出了一个新的问题：如果一物是某一质料的形式，那么该物亦可以成为另一形式的质料。例如，土变砖、砖建房屋，如此接连不断。这样又回到了不可知和怀疑的境地，需要通过一个新的逻辑和推测重建来解决。我们观察到，这一方式仿效的是前面所解释的字母文字的模式，在这种模式中，听觉能指是所指事物的能指，同时变成了对视觉图形能指的所指。

在关于伊利亚特的叙述中，这一矛盾带来的问题是究竟谁在活动，是人还是神，天堂里的人是否与贬到下界的人是一样的？而中国文化中则不存在这两个难题。还有，在这种观念相对主义中，这些疑问继续被提出，表现出的像是一个理性或一个自愿行动，是否仅仅是现实中一个社会阶级的思想意识，或同一主体不受控制的无意识产物？

我们再次重申，这样的猜疑始自于对自然的分解，以便对自然进行逻辑重建，也始于对任意性图形代表的事物的分解。到了文艺复兴时期，亚里士多德的西方基督教式思维再次与柏拉图相逢了。然而，重要的是，在这条道路上，苏格拉底—柏拉图—亚里士多德式的思维占据了上风，再次肯定了字母文字对现实的支配地位。

出于这种选择，西方将其他重要看法搁置一边，像禁欲哲学，后者提出了不为外表矛盾干扰的看法；也无视犬儒学派的说教，该派寻求摒弃一切需求；无视伊壁鸠鲁学说，该学说要求接受可视的、可感受的概念作为所有知识的源泉，体验快乐是所有人的最高目的。

这些从未成为西方思维"有机"源泉的流派，即未成为普遍可接受的流派之受到排斥，阻碍了西方文化与中国文化的靠近。这就导致进入理性主义世界，表现为笛卡尔的"我"怀疑其他事物和世界，远离可视的存在，脱离世界并变成非物质的。因为只是一种思考，仅有其自身反射式存在展示出的可视性。

所有这一切导引我们进入理性主义唯我论、利己主义和莱布尼茨的单子论，或极端的康德主义。在这些理论中，事物和现实不再是认识的中心，因为知识不再以现实为基础，而是相反；与早已存在的知识情况相比，现实变成了次要的。理解不再以经验，而是以先验为根据，因为理解等同于现实，而不是发现现实。

中国的哲学思想因其与唯我论或感知批判理论大不相同，所以没有这些问题。

这样一来，图形符号对字母文字所表现的那些不同物体的怀疑，变为先验理解对猜想存在但并不认识的世界的怀疑，我们只不过是接近世界，既辛苦又徒劳，就像人类努力再次接近在某个时刻将人遗弃的创世主一样无果。

但是，相对于在西方思维中证明上帝存在的神学论或过程这一重大命题，我们发现，在中国哲学中性本善的人与有创造力的先于天地的自然之间是融洽的，没有争论和吵闹。自然理所当然地先于精神观念。因而，能称之为精神的，很简单，是一种源自生命和自然的力量；同样，鬼仅仅是为其不能实现的存在而在寻求报复的亡人。

西方不能发现自己的认知矛盾，导致认知不能连续，以及理性和制度的冲突，整体上影响了务实精神和生产。因此，在某些阶段上西方曾逃离怀疑，转向观望性舍弃或佛教。中国却没有怀疑和观望，而更接近于毋庸置疑的务实精神，孔子曾这样教诲："我曾经整天不吃饭，彻夜不睡觉，去左思右想，结果没有什么好处，还不如去学习为好。"①

因为不存在创世或创世主的问题，也就没有目的论的思辨，去向人类指出非自身的目的。孔子说："要多听，有怀疑的地方先放在一旁不说。"② 通过源自于象形文字中可见的自然可视方式，构建了一个 "老师讲授的人性和天道的理论，依靠耳闻是不能够学到的"③ 伦理，仅体认 "消逝的时光就像这河水一样啊，不分昼夜地向前流去"④，并说

---

① 《论语·卫灵公》载："吾尝终日不食，终夜不寝，以思，无益，不如学也。"

② 《论语·为政》载："多见阙殆，慎行其余。"

③ 《论语·公冶长》载："夫子之言性与天道，不可得而闻也。"

④ 《论语·子罕》载："逝者如斯夫，不舍昼夜。"

"中庸作为一种道德，该是最高的了吧！"① 孔子和老子都反复讲，最佳的是"无字教育"，"榜样教育和老师态度"。换而言之，追寻生命远离语言论证的"蛊惑"，走向老子所说的"无为而治"，即面对道的流动不采取行动。

因此，与过去的关系基本上是平衡的，"虽百世，可知也"②，因为"可借鉴各朝代的礼仪"，"周朝的礼仪制度借鉴于夏、商二代，是多么丰富多彩啊"③。

公元前6世纪产生的这一内在可视思维，其流行最长时期是在公元后的3世纪至4世纪，在11世纪强劲回潮，从朱熹新儒学起，抵制佛教后便得到巩固，因为佛教曾将文化和宗教与政治分离。随着理学派的出现，权威重新成为连接的中心，以避免社会与天理的关系恶化。社会乐观主义回归，正如《论语》曾指出的，"贫而乐道，富而好礼"④。

从关于体认或拒绝创世、人被贬到下界的观念中，可以看出不同的态度：拒绝服从和拒绝规则，就像在西方发生的那样，这证明了神性规则的指令性和规范性的特征。相比而言，在中国哲学中，是与自然世界调和，与社会整体调和。

作为重建性的音节文字的产物以及创世主观念和强加规则的产物，当发生猜疑时，就表现为抗议和拒绝服从。为

---

① 《论语·雍也》载："中庸之为德也，其至矣乎！"
② 《论语·为政》。
③ 《论语·八佾》载："周监于二代，郁郁乎文哉。"
④ 《论语·学而》。

此，约伯的抗议——由此引入撒旦作为诱惑，法律服从与否的两难，需要理论神学就存在的痛苦和邪恶来为上帝辩解。还出现了关于历史的另一种概念，即历史像有罪意识，或像舍身寻求未来救星的"称义"进程。

相反，在中国思维中，是与"逝者如斯夫，不舍昼夜"地流动的世界协和，或以"道"再现秩序和过去，但也推行过以呈正方形和长方形的几何图形方式分配土地，按照上天形象安顿天下。

如果某些时候历史遗留的所有制实体对称性失序，之后的朝代便寻求重建秩序，将四边形或正方形的土地重新分配给家庭。作为佐证，我们前面已经说到，商朝的书法与现代汉语的带有划分的四方形，就意指"田地"；另外，在古老文字中"天"这个字，其形态便是人形上边一个正方形。

但是，权力对天地有义务，对社会有义务。这是和谐仁爱的原则。权力是伦理："君子先做后说"①，要保障社会各要素之间的关系不致发生猜疑和拒绝服从，要忠诚和仁爱。孔子说，"天下归仁"；在社会上，是礼仪将自然意义带进了相互关系之中。

当今最大的问题是，西方的社会冲突已经制度化，能否以比中国相互结合的"仁爱"文化更快速地向前迈进呢？也许以前可以做到。18世纪以来西方力量较强，但现在是

---

① 《论语·为政》载："君子'先行其言而后从之'。"

在一个单一的经济和文化空间，西方从前所谓的技术优势目前是在中国一边，中国的竞争规模更有吸引力，教育文化绵延数千年，思维条理清晰、善于分辨，耐心务实，不会招致他国人民的抵制拒绝。

第六章

遵从权威与永无止境的反叛

基督教戒律的规范性本质，在限制性语言架构上也有表现，如"不可杀人"。相反，孔子选择肯定典范的道路，因为实现协和一致的秘诀，不在于恐吓，而在于信任："用法制禁令去引导百姓，使用刑法来约束他们，老百姓只是求得免于犯罪受惩，却失去了廉耻之心"①。哲学的根基不一样，其影响后果也就不一样。在西方，"人类"疏离自己，与自身对峙，通过惩罚、错误或忏悔，才能与自身再次相遇。中国《易经》记载，天、地在原始鸡蛋中一起增长，人类在天地之间以同样比例增长。

　　在西方思维中，费里特立希·黑格尔在《精神现象学》中做了最为经典的表述，将历史表述为一种引导"自我"意识向"为我"意识的虚构。伊曼努尔·康德曾对"为我"意识的可知进程做出过贡献，但他的认识论缺乏历史性和人类进程的目标。是黑格尔用历史将"自我"和"为我"的意识统一为一体，从而成为一个对抗进程——辩证法，成为"人类"通过矛盾寻找与自身相遇的动力。

---

① 《论语·为政》载："道之以政，齐之以刑，民免而无耻。"

正是黑格尔哲学后来成就了卡尔·马克思的经济学和唯物主义，尽管如此，后者没有舍弃黑格尔学说的虚构本质，仍在继续推动哲学和政治意识为历史寻找一种必然意义和不可避免的归宿。无论是黑格尔、马克思还是两人的效法者，在他们身上仍旧有对起源的猜疑，对天堂的记忆，对必须重返至善至美思想的憧憬。我们要指出，对中国自然主义而言，这些在西方我们称之为形而上学的东西，没有丝毫意义。

是黑格尔把在"虚无"中处于相互矛盾的原初的和整体的"存在"，连接到单一道路，然后返回到"存在"，在这种运动中产生了一个"某物"。但"某物"终究需要确定质量和数量，这样的运动永无停顿。之后，黑格尔说道，这一逻辑运动渗入到物质之中，又将分裂、结盟和争斗带入社会史和哲学史中，直至"存在"最后在日耳曼国家再次相遇和相互了解。

这是一条矛盾之路，是一种与自我分离的原始共产主义相同的神正论，相互发生矛盾并展现在不同的和徐徐渐进的制度之中（奴隶主义、封建主义、资本主义），直到历史终结时重新相遇，因而具有一种必然的和不可避免的"意义"和目标。但这些哲学的虚构，在中国思维中没有可以对应的成分，中国思维对这些毫不理会。

同样，依照精神分析的理论及其希腊神话背景，在西方，个体意识互相搅浑，相互异化，远离自身，直至在性的潜意识的直观基础上再次相遇。历史总是从某物某事到某物某事。

要理解中国现象及其目前的现实，必须意识到所有的思辨努力并不属于其反射世界。本书早已说过，"人类"从未脱离自己，也没有相互异化，更没有一条尚未终结的漫长追寻之路。《易经》的鸡蛋中的天、地、人，继续一起同比例成长。

而在西方，面对因之被贬到下界的过错，面对疏离所导致的人类再生育和性功能的衰退，撒旦邪念如影随形，其中还有约伯及其拒绝服从。在那些怀疑的后面是一个痛苦的背景，又在引导我们去猜疑，在思想意识后面还有强人的支配手段，或者在有意识活动和貌似理性后面还有潜意识，有本能对有意识活动的支配。更有甚者，在不受约束的现实重建的语言和交流背后，发现存在着一个有规则功能的"元语言"。它具有极权性和戒律性的特点，正如米歇尔·福柯所指出的，它用"是"和"不应是"定义人，定义精神变态、疯狂、官僚、政治和常态等等。因此，西方人长期生活在猜疑之中，有义务去寻求、拒绝、怀疑、失败、再寻求。我们甚至怀疑说话、语言是否是一个我们在交流中使用的结构或相反，是否是一个早在我们之前存在的但已过时的结构，是否是通过我们讲出的结构。这就是柏拉图洞穴中的囚徒老人们复杂的无限推理。

可笑的是，现在，西方语言及其语法结构、表现方式方法，企图规定哪些价值应强加于中国，哪条道路是中国"不可避免"要走的。西方站在其"文化优越"的角度，不能理解中国因自身要求而采取的一些经济紧缩措施，如降低工资、减少福利、节制消费、压缩政治决策空间等等，其实这恰是一种文化和政治上的严格要求，中国和孔子正是依此来规范社会的。

从柏拉图的西方洞穴中去猜想阴影即现实，或者语言任意性符号即事物自身，但猜想和解释仍旧与囚徒们面对的并行不悖，所有这一切都是人的哲学的产物。荷马体认自然和生命，但之后，按照柏拉图的洞穴理论，人决定"改变生命"，为自由开路，但也为具有净化伦理能力的理性专制开辟了道路，柏拉图在其《理想国》一书中就是这样提示的。

相比而言，在中国构建执行的是一种和谐哲学，"所有都在"普天之下，没有阴影，自然在不断地自我繁育。在这个世界上而不是在其之外，人类是可以幸福的，社会关系是高度互相尊重的①，这就是全部社会生活的真谛。对于这样一种哲学，不存在人类被贬到下界的问题，所有一切都作为整体在流动，与朝代在极其漫长时期的不断更替相适应。

化解了命题与反命题间的对抗，但是仍被一个新的对抗所取代，这样的对抗哲学显然与阴阳相互补充的思想迥然不同。与以追寻为目标的线性历史观相对立的观念是，历史是往昔的重复，不是一种相遇，因而是今与昔永远一致的观念，"温故而知新"②。因此，中国自视为一个持续的、可被证实的大整体。

中国的历史正是这样。从公元前 8 世纪到公元前 3 世纪

---

① 《论语·里仁》载："夫子之道，忠恕而已。"

② 《论语·为政》。

是中国传说的周朝，秦始皇的唯意志短暂暴政之后，第二个大篇章是公元前 220 年至公元 220 年的汉朝。其后，3 世纪与 4 世纪期间的中世纪中国，为隋朝和唐朝统治，然后是 9 世纪至 12 世纪的宋朝，开启了近代时期，通过文官制度和精英教育重新肯定儒学的基本价值。

再就是元朝蒙古人的征服，最后以崇拜并接受中国传统哲学而告终。明朝和清朝相继建立后，1330 年至 1700 年是新儒学统治时期，有蛮夷特性的满族人也被“中国化”，接受了儒学的基本准则，此后便被中国的文化和社会力量所改造。在 19 世纪和 20 世纪发生了西方和日本入侵，“宇宙失序”降临中国。

因此，历史也证实了自然本身的流动，不断地证实着不存在什么所要寻求的苦难，在历史中人类的本质与自然是汇合的，并不反对自然，而法家全面改革的意愿是受幻想所指引。因此，邓小平说，“如果只讲牺牲精神，不讲物质利益，那就是唯心论”，用关于“人的本性”的回答拒绝了纯革命的罗曼蒂克观念。其采用的是儒学有关个人利益和自然权威的逻辑①，“富裕和显贵是人人都想要得到的，但不用正当的方法得到它，就不应该去享受”②。

---

① 参见《论语·泰伯》。

② 《论语·里仁》载：“富与贵，是人之所欲也，不以其道得之，不处也。”

子女反叛父母

据希腊神话说，乌拉诺斯与盖亚结合生子萨图尔诺，他与独眼巨神和泰坦神一起阉割了父亲睾丸，为的是今后与瑞亚结合。但面对这种儿子的反叛会被复制的危险，萨图尔诺选择了吞下子女。对于头两个子女，他这样做了，但临到第三个时，当妈妈的使了一个计谋，将这个刚出生的婴儿交给库里班特人照看，用阿玛尔忒亚母山羊喂养。

萨图尔诺受妻子所骗吞下了一块石头，之后，宙斯在其兄弟哈德斯和波赛冬——萨图尔诺将他们吐了出来——的帮助下，杀死了父亲。就这样，在希腊最古老的神话中便开始了取自埃斯库罗斯悲剧题材的子女与父母的冲突，该悲剧被命名为"弗洛伊德情结"。这种情结，总是伴随着创世主与人类因其初始拒绝服从引起的冲突，伴随着创世主无所不在的出现。无论是在两河流域文明还是在犹太和西方世界中，创世主都往复出现，以对其被造之物提出强硬要求。

创世主的强硬要求之一，例如是向亚伯拉罕提出要牺牲其子以撒，甚至毫无正义之感，缺乏善心或毫无仁爱之心，残忍地摧毁索多玛和蛾摩拉这两座城市。这位上帝冷酷无情，偏爱惩罚，以致基督在十字架上最后的选择是向上帝喊道，"我父，为何将我抛弃？"这就是囚禁犹太的上帝，一位在尼布甲尼撒统治的奴隶时代约伯以其抗议直面的上帝。

这一对抗逻辑后来被西格蒙德·弗洛伊德在有关初始冲

突十足犹太的解释中所采纳，称之为"伊荻普斯情结"。如果我们分析一下西方的历史和哲学，我们就能看到，智者的父权如何一直被理论继承者所否认，另一方面政治父权为着继续历史行为是如何被背叛的。尤里乌斯·恺撒被其追随者中最亲近的布鲁图斯刺杀，拿破仑背叛科西嘉岛独立偶像的巴斯夸·帕欧里将军，玻利瓦尔背叛其称之为南美独立之父的弗朗西斯科·德·米兰达，最后将其交给西班牙首领蒙特维德。

在西方思维和政治中，父权问题上的矛盾和冲突深奥莫测。这在希腊神话史纲上也有表现，上帝将创造人类的任务交给普罗米修斯，他将火赠与人类，拒绝把这一作用交给主神们。埃斯库罗斯笔下戴镣铐的普罗米修斯，我们从对其永久惩罚中便可看到这一无尽冲突的另一版本。因此，创造中心既不是乌拉诺斯和萨图尔诺，也不是宙斯，尽管之后有犹太基因的唯一创世主这个概念丰富了这一宗教哲学谱系。

痛苦与字母

很明显，上述冲突来自创世主的观念，冲突与人类的邪恶和痛苦并存，这只能被自我责备地解释为是人类欺骗和背叛上帝的结果。这一标志建构，与字母反映现实却背离现实大有关联，为表现现实，使用的图形与世间事物毫无语境关联。这些图形变成了声音和字母组合，无视并舍弃了其初始所指的图像图形起源。于是，上帝观念扮演了一个伟大的基本所指的角色，人类扮演了一个脱离了上帝和现实的能指发音字母的角色。上帝、社会现实、实体、康德的本体、弗洛伊德的无意识，所有这些在字母头脑里是不可知的所指。

家庭，一个集合的现实

关于家庭，中国思想将其体认为一种无始无终的流动，这决定了服从的稳固连续性，以及对顺从之源祖先的崇敬。家庭实际上是一个父系传承的集合单一体，子对父行孝是美德的行为准则，在孝道基础上构建过去的观念、事物和自然起源的观念。孝道使祖先与我们相连接，于是，先辈们使我们与上天、与所有一切相联系。

正因为如此，应保持对父母的回忆，对父母的敬拜要过五代，才不致与其他祖先相混淆。这样，生生死死是发生在家庭而不是在个人，家庭成为一个有服从准则的小型国家，就像国家是一个以皇帝为中心、与历史和未来相连接的大家庭。我们的身躯属于家庭所有，这是不接受道教灵魂转世的理由之一。汉代的《孝经》指出，"奉事双亲，身居高位不骄傲恣肆；为人臣下，不犯上作乱"①。孔子在《论语》中说道，"孝顺父母，顺从兄长，而喜好触犯上层统治者，这

---

① 巴克利：《中国历史》（剑桥），书籍天空出版社（马德里）2009年版，第110页。

样的人是很少见的"①。

孔子指出，"孟孙问孝于我，我对曰无违"②。还说，"当他父亲在世的时候，要观察他的志向；在他父亲死后，要考察他的行为；若是他对他父亲的合理部分长期不加改变，这样的人可以说是尽到孝了"③。但孔子又说，子尊父的义务不仅是实体保护，最为重要的是服从和尊礼，"如果不存心孝敬父母，那么赡养父母与饲养犬马又有什么区别呢？"④

从这些重要观念引申出了对政治基本准则的理解：接受并服从自然秩序。这足以说明中国王朝的持续是长期的，而在西方则视动乱和反抗为永久推动力。孔子解释说政治是一种全面传播的行为，没有必要搞制度政治，"孝就是孝敬父母，友爱兄弟。把这孝悌的道理施于政事，也就是从事政治，又要怎样才能算是为政呢？"⑤ 面对使用武力和制度措施的观念，这位哲学家强调榜样是比惩罚更有力的施政手段，并说"吃粗粮，喝白水，弯着胳膊当枕头，乐趣也就在这中间了。用不正当的手段得来的富贵，对于我来讲就像

---

① 《论语·学而》载："其为人也孝弟，而好犯上者，鲜矣。"
② 《论语·为政》载："孟懿子问孝，子曰：'无违'。"
③ 《论语·学而》载："父在，观其志；父没，观其行；三年无改于父之道，可谓孝矣。"
④ 《论语·为政》载："至于犬马，皆能有养，不敬，何以别乎？"
⑤ 《论语·为政》载："孝乎惟孝，友于兄弟。施于有政，是亦为政，奚其为为政？"

是天上的浮云一样"。① 我们不能忘记,按其教诲,教育不设社会障碍,一个凡夫俗子通过培训可以成为"君子",并在任人唯贤的环境中领导社会。

一边是被贬到下界,另一边是寻求秩序和持续性;一边是恋母情结,另一边是中国孝道,这样的长期对峙使两种文明和政治行为相互间不断疏远。在西方,对观念、规则和社会阶级及其差异的猜疑抵触情绪在蔓延,这种心态自 18 世纪起有更新更深的发展。因此,伟大理论一直"是"占统治地位的思想意识,行为"来自"直觉而不是出于理性目的。而在中国,血缘纽带在延续,继而表现为对政治领导的服从,选择精英政治领导不遵循继承原则,而是任人唯贤。社会整体各组成部分是相互补充的,不是相互对抗的。

再次:两条文化道路

一条道路起始于柏拉图的洞穴说,对柏拉图而言,寻求真理和思想导致理想主义和乌托邦,行使专制理所当然,尽管装出的是善良模样。但这与皇帝最高权威不同,皇帝虽然连接天,但也是农民不可或缺的非对抗性的补充,他与一切相关联。亚当是一位贱民,但盘古在原始鸡蛋中如天和地那

---

① 《论语·述而》载:"饭疏食,饮水,曲肱而枕之,乐亦在其中矣。不义而富且贵,于我如浮云。"

样生长。

在西方，能指对所指的支配——正如德里达所研究的——导致法律和政治意志对社会自然关系的统治。相反，在中国，面对唯意志论的建议，对现实的服从只是偶尔出现在"法家"统治形式之下，法家最终让位于儒学的非凡观念。因此，西方政治的中心观念是支配，在中国是相互尊重，这是中国两千五百年来历史的基础。皇帝不是托马斯·霍布斯置于人类邪恶之中的利维坦（海怪），而更像是对人类性本善的一种补充，在同一秩序——道或孔子的中庸——中像水随着自然流动。

这并不是给中国的悲壮历史抹上理想色彩，中国历史上确曾发生过令人恐惧的事件和极端残忍的行为，在我们眼中，那是强加统治专制之暴虐所为。但是所有那一切起到的是表现的作用，或之所以发生是由于其文明的"有机的意识形态"。①

由此可以看出"一以贯之"的忠恕之道②，是中国政治的基本结构，并进而能理解为什么学士对于社会整体的行动不需要去担任某个职务，而是从基层去执行。大师谈起政治行为时曾说，"孝乎惟孝，友于兄弟。施于有政，是亦为政"，但也指出，世界也不能容忍"居于执政地位的人，不

① 译者注：有机的意识形态来自安东尼奥·葛兰西的思想，他是指在某个特定的基础所必需的意识形态，区别于任意的意识形态。

② 参见《论语·里仁》。

能宽厚待人，行礼的时候不严肃，参加丧礼时也不悲哀"①。本质的东西是信念，因为如果没有榜样指出责任和"羞耻"的涵义，法定的惩罚就不会收效。

但是，最精致的政治伦理观指出，利益并非是公共行为的准则，而是属于私有世界。《道德经》指出，"不推崇有才德的人，导使老百姓不互相争夺；不珍爱难得的财物，导使老百姓不去偷窃；不显耀足以引起贪心的事物，导使民心不被迷乱。因此，圣人的治理原则是：排空百姓的心机，填饱百姓的肚腹，减弱百姓的竞争意图，增强百姓的筋骨体魄，经常使老百姓没有智巧，没有欲望。致使那些有才智的人也不敢妄为造事。圣人按照'无为'的原则去做，办事顺应自然，那么，天下就不会不太平了"。② 政府任何对家庭或人民、或自然秩序的有意图的行动都是适得其反的。

同样，儒家孟子在其书的第一篇叙述了他如何回答梁惠王的提问，梁惠王问，有什么对其人民有利的高见？孟子回答说："大王！何必说利呢？只要说仁义就行了。大王说：'怎样使我的国家有利？'士大夫说，'怎样使我的家庭有

---

① 《论语·八佾》载："居上不宽，为礼不敬，临丧不哀，吾何以观之哉？"

② 《老子》第三章载："不上贤，使民不争；不贵难得之货，使民不为盗；不见可欲，使民不乱。是以圣人之治也，虚其心，实其腹，弱其志，强其骨，恒使民无知、无欲也。使夫知不敢、弗为而已，则无不治矣。"

利?'一般人士和老百姓说,'怎样使我自己有利?'"① 孟子建议降税减罚,即最低程度的干预,因为人的自然秉性是仁。

因此,对于制度政治行为者的干预和建议,儒家和道教采取维护私人生活的立场,因为他们在历史上一直反对国家干预和垄断,给家庭、个人和贸易以更多自由。这在介绍中国目前改革的章节中可以得到证实。

政治和国家,放大的家庭

孔子的观点看法,虽简短精辟,却含义极为深刻。其思维中对体系观念的表达十分含蓄,塔尔科特·帕森斯和加布里埃尔·阿尔蒙德对制度政治功能的研究成果,颇能适用于孔子。② 为证实这一点。让我们看看《论语·颜渊》:

> 子贡问怎样治理国家。孔子说,"粮食充足,军备充足,老百姓信任统治者。"
>
> 子贡说:"如果不得不去掉一项,那么在三项中先

---

① 参见巴克利:《中国历史》(剑桥),书籍天空出版社(马德里)2009年版,第68页。原文为:王曰:"叟! 不远千里而来,亦将有利吾国乎?"孟子对曰:"王! 何必曰利? 亦有仁义而已矣。王曰'何以利吾国?'大夫曰'何以利吾家?'士庶人曰'何以利吾身?'"

② 参见塔尔科特·帕森斯的《社会行动的结构》、加布里埃尔·阿尔蒙德的《比较政治学》。

去掉哪一项呢?"孔子说:"去掉军备。"

子贡说:"如果不得不再去掉一项,那么这两项中去掉哪一项呢?"孔子说:"去掉粮食。自古以来人总是要死的,如果老百姓(对统治者)不信任,那么国家就不能存在了。"①

帕森斯指出,社会行动体系应履行四个基本功能:第一是适应功能,获取环境资源来加工资源(经济,"粮食");第二是目标功能,指出行动目标和肯定目标向外取向;第三是要素整合功能(法律,"军备");第四是动机或潜在功能,赋予体系及其组成部分以意义("信")。帕尔森也以控制论观点指出,掌握更多信息的统治者有更多的力量。这样一来,动机、信任,胜于整合、力量,整合和力量胜于目标,目标胜于适应。

孔子在两千五百年前就以精辟的教诲阐发了关于政治的论点,视之为一种体系,在这个体系中,动机支配其他,如适应(经济)和整合(力量)。其论点看起来简单,却具有深刻的观念结构。信任,是一种动机,源自榜样,君子品德好比风,风吹草,草必定倒。② 动机推动着整个体系,"君

① 原文为:"子贡问政。子曰:'足食,足兵,民信之矣。'子贡曰:'必不得已而去,于斯三者何先?'曰:'去兵。'子贡曰:'必不得已而去,于斯二者何先?'曰:'去食。自古皆有死,民无信不立。'"

② 《论语·颜渊》载:"君子之德风,人小之德草,草上之风,必偃。"

子思念的是道德，小人思念的是乡土；君子想的是法制，小人想的是恩惠。"①

对于起始于父子关系、子服从父的自然秩序，血缘纽带在社会和政治关系中得到延续。"敬爱父亲的是好统治者"，反之亦然。因此，统治者好比一位慈父，应通过学士成为教育家，皇帝应像"道"一样无形又廉正。这一美德的中心是知道如何选择合适的官员将事做好，否则，破坏了自然秩序，皇帝甚至朝代就可能被改变。

这就是儒者董仲舒（前179—前104 年）引入的天人感应理论。根据这一理论，政治破裂会导致自然灾异，如1844 年水灾，推动太平天国起义反对清朝，1910 年水灾，与其他原因一起促成人民反对欧洲和日本的统治。

这样一来，反抗不是对内的裂解，而是对违背宇宙和天命者的一种逆向回归，一种对持续性的肯定，以求恢复原有秩序。当然，需要上天发出的像灾变或侵略的信号的是例外情况。因此，每个情势下坚持仁义和维护秩序都是一个强制性原则，"做君主的要像君主的样子，做臣子的要像臣子的样子，做父亲的要像父亲的样子，做儿子的要像儿子的样子"。②

学士的责任是解释自然发出的信号，并使社会秩序适应

---

① 《论语·里仁》载："君子怀德，小人怀土；君子怀刑，小人怀惠。"

② 《论语·颜渊》载："君君、臣臣、父父、子子。"

自然秩序，获得学士身份要通过任人唯贤的考试，参加考试不存在任何社会障碍。皇帝是人与天的中介，根据社会利益和维护秩序的需要，选择有能力的辅佐者。尽管如此，最好的行事方式还是通过每个人做出榜样，但也必须对过去和对经典古籍有必要的了解。要说清楚仁义和透明的准则，"君子应先做后说"。①

但是，政治理论也需要大无畏的精神，不能只是一味观望考虑。道教中容许反对不公正，儒学也是如此，根据其理论，一旦社会和自然之间缺乏和谐，或社会出现大问题时，允许拒绝服从。例如，之所以发生13世纪忽必烈蒙古人入主中原，是因为宋朝末年放弃了以前的价值。

因此，恢复被放弃的价值，取消蒙古人的税赋，要求建立一个新的统治方式，明朝在奠基人明太祖死后进行的种种改革，应被理解是重新适应或重建自然"权利"。

正如前述，秩序也要有一个几何结构和地理分布架构，这比西方定义的更加明确。土地分配给家庭和居民，用的是四边形和正方形的形式，使等级表现为地理和谐，这在中国有史以来，至少自公元前359年起，便是儒学价值的一个不变因素。

那一年，商鞅对农业区域首次实施田界方格化，"开阡陌"，尽管后来人口不断增长，土地在最下层重新分配，但这项措施一直得以保持。公元9年，王莽对此给予肯定。尽

---

① 《论语·为政》载："先行其言而后从之。"

管有人试图改变这一几何形式，但在 1068 年以后，继之的 1263 年，重新得到了加强。在 1368 年至 1578 年明朝期间变得更加巩固。这种对农民土地采取的措施，明显带有平均主义的特点，正如象形和图案一样，寻求的是像上天那样永恒不变的结构。这些措施是一种对土地的书写方式。

孔子与个人及家庭的
自由主观能动性

这不意味着对致富有某种限制，儒学绝非是平均主义理论或反对财富，而是将致富理解成上天意志和德行的表现，像水和善那样"流动"，除外，对君子具有慷慨大方品质也是有利的和必须的。孔子说道："富裕和显贵是人人都想要得到的，但不用正当的方法得到它，就不应该去享受；贫穷与低贱是人人都厌恶的，但不用正当的方法去摆脱它，就不会摆脱。"①

这一说法似乎与韦伯对新教伦理的解释颇为相同，但实际上两者区别甚大。对韦伯而言，资本和劳动产品的累积是服务上帝的一种宗教伦理表现，是命中注定的，但既不准炫耀夸示，也不准铺张奢侈。相反，在中国儒学中不存在有关修士或苦行者的道德伦理，像对新教改革的卫理公会教徒和

---

① 《论语·里仁》载："富与贵，是人之所欲也，不以其道得之，不处也；贫与贱，是人之所恶也，不以其道得之，不去也。"

清教徒要求的那样，我们在导论中提到的理查德·巴科斯塔的《基督教指南》曾对之有所描述。儒学认为奢侈构不成罪，但同时不能用之危害他人。

孔子儒学中对劳作不乏颂扬，对有形致富不做任何限制。例如我们曾经提到的，圣人和多才多艺并非不可兼容。① 一个统治者的首要职责是使其公民富裕。② 在这个意义上，毛泽东时期的公社平均主义和贫困，是与儒学主张相冲突的。毛泽东去世后，邓小平说"致富光荣"，恢复和巩固了儒学主张。

概括地看儒学的政治观念，服从作为儒学文化的基本价值，是对皇帝职能的天然互补，皇帝方面应履行其职责，不能扮演独裁自私和滥用权力的专制或寡头这样的角色。西方的大错是将表象与行动的文化意义相混淆了。

我们研究的中国文化，在政治领域有时倾向不相容，有时倾向融合。在西方，一种理论被另一种理论战胜，或因理论反命题引起的命题矛盾，导致宗教战争，导致寻求"圣地"和追寻圣战。也导致帝国主义形式最高社会的超级地位；最终导致理论与社会不相容性长期存在。在上述情况下，都发生社会冲突和社会分裂成集团，败者被唾弃放逐。其实，这些在富丽堂皇的希腊万神殿早有展现，众神受激情驱使，为争夺至上地位相互对峙。

---

① 参见《论语·子罕》。

② 参见《论语·子路》。

相反，在儒学这里，用孟子的话来说，叫做"以德服人"。需要不间断的调和，不同流派要融合，使政治思想和体系更为宽宏，我们称其为"王道儒学"。这已不仅仅是孔子追随者学士们的理论儒学，而是融合采纳了法家要素来增强政府以及佛教的经济主张。接受影响的进程长达千年之久，在孔子之前业已存在的心理、图形、文字和宗教结构的基础上，吸收消化而成为新学派，如道教在先验和宗教方面，佛教有关戒绝人欲和坐禅。最后，在19世纪，承认世界、"普天之下"是整个地球。

我们还可以说受到了来自西方的影响，如19世纪起国际自由市场强行进入；再后，一度接受马克思主义的社会阶级划分理论，作为回应，强制实行集体化，之后未再执行。

现在，共产党将全球化与自由市场相联系，在政治领导中认可社会所有阶级。

尽管如此，所有这些融合吸收都是发生在历史原型之中，虽然认可这些外来的影响并以古老汉语将之转化，面对分裂，仍坚守团结原则。融合调和最能说明中国的基本人格。佛教之所以较难接受，是由于灵魂转世到另一个身体的观点，与身体是自然一部分的权威性观点相矛盾，还有就是佛教中暗含的绝对现实的观点，近似于创世主观念，尽管并无此意。然而，佛教之所以能被部分接受，是因为在禅宗中"混杂"有儒学思想。

中国接受了佛教主张的经济自由的要素：信用、利益、庙宇间公开贸易，这与儒学提倡的放手自然和社会力量、让这些力量流动、不要对它们进行限制或压制的观念相同。但也有些皇帝试图限制和压制，建立起垄断，以对抗儒家文人学士一贯倡导的主张。后者反对普遍实行集体主义和国家对经济的全面领导，目前中国也正在这样行事。

总之，儒学和道教"无为"观念对自由市场是有作用的，数个世纪以来推动了中国经济内向性增长，中国因而是经济第一大国；在最近30年，中国外向性增长，成为一个有吸引力的强国。所发生的并非是西方资本主义的入侵，而是履行孔子"使他们富起来"的教诲。①

值得强调的是皇帝与社会秩序相关联这一角色，在任何情况或时代都与垄断体系、集体化或社会平均主义有关联。与此对应的是，自由贸易和家庭所有制数世纪以来在王朝体系下占据主要地位。正如导论所指出的，要让中国接受西方的政治分权、议会制和多种实体社会矛盾的观念，不是必然的。相反，西方社会为避免被中国较高的生产率所左右，有可能接受有关社会秩序、厉行节约、打击投机、讲究务实、稳定家庭等看法，以及团结一致和社会协商的观点。这也是应对中国商品以及与之俱来的中国思维，并与其共存共进的唯一可取办法。

当代这个历史阶段的特点，是思维、行动和增长的网络性，单位权力变得越发脆弱。莫伊赛斯·纳伊姆在其新作《权力的终结》中警告，面对人口、商品、武器和教育——

---

　　① 参见《论语·子罕》。

所有流动要素——的数量越来越多，权力成为更易丧失的一种资源。他指出，如今"权力"不一定是权威力量和头衔的象征。根据塔尔科特·帕森斯的说法，权力是一种流动型手段，一种变革的价值；或据罗伯特·达赫尔的说法和其关于多头政治的理论①，权力，是一种所有人手中的协商或冲突的资源，在现阶段，权力表现出其最大的脆弱性。这在欧洲地区表现得尤为明显，在那里几乎所有的政府缺少稳固持续的多数，在整改其陈旧的官僚错误和负债时，在颤抖的是国家。

相对而言，中国网状型或流动型推理模式，在国际领域非指令性的传播做法，贸易迂回战略，将世界价值链与原材料生产者相结合，等等，似乎可确保中国今后 20 年或更长时间在世界的文化和经济领域的吸引力。中国的集体领导，不突出个人，保持经济增长至今，虽面临很多问题，但与虚弱的国际竞争者相比，愈显更加稳固，展现出其政治治理模式应对国际形势最为有效。

---

① 参见罗伯特·达赫尔：《谁统治？美国城市中的民主与权力》，耶鲁大学出版社 1961 年版。

第七章

交汇时刻未能实现汇合

我们研究的文化基因，它们在历史的某个阶段曾有过交汇点。西方按照苏美尔、希腊和犹太的传统，自亚里士多德时代起确乎接受了一种哲学观，利用字母文字提供的条件在20个世纪里指导着自己的思维。尽管如此，在古代，在苏格拉底之前许久，爱奥尼亚哲学家曾寻找解释所有事物结构的那样一种质料、一种基本物质，像中国思维所表述的道或流动。米利都的泰利斯提出是水，阿那克西美尼认为是空气，阿那克西曼德归结为"无限者"，之后，赫拉克利特的看法是火，并首次尝试了用科学试验去证实。但他们都被苏格拉底的理性所降服。

几个世纪之后，出现了面向人类行为的学派，与中国哲学态度相同，但随后便被亚里士多德主义搁置一边，这些学派对西方思维的发展在几个世纪里受到压制。斯多亚学派及其不可扰乱的人类精神观与佛教思想相一致；犬儒主义学派同样与佛教相通；伊壁鸠鲁学说认为直觉和可感觉的经验是所有知识的唯一来源，这一看法比苏格拉底—柏拉图谱系、比其在认识论或历史目的论的衍生看法，更接近中国思维的自然犬儒主义。

对于中国人，对现实的正面直觉感知，避免了西方人多个世纪以来的发问。在中国思维中，自然，我们在上文曾类比于西方词汇中斯宾诺莎的"能生自然"，是聚合的阴和消散的阳周而复始的交替，作为和谐统一和连续性的佐证。同样对老子而言，道是一种能量，或天地混沌未开之前的一种力量，既非物质也非精神。这是永久流动的思想，其本质和典范来自古代。这一看法在中国十分重要，而西方是线性历史观，认为历史来自未来，是与起源重逢。

西方哲学最有高度并汇集概括了西方大部分思想的表述，是黑格尔的《大逻辑》。该书不仅赋予渐进认识论的康德思想以历史意义，而且指出，历史的目的是重新发现其起源，并以自身意识来丰富。因此，在黑格尔的逻辑学中，"存在"起始于无界定的"存在"自身概念，在"存在"不在的"虚无"中自相矛盾，开启了发展其矛盾的运动。

上述所有这一切都把人类的历史运动以及思维解释成未确定的"存在"，以意识到自身实际存在的"存在"这样的方式自我返回（精神现象学）。遗憾的是，黑格尔把这个客观精神视为19世纪的日耳曼国家，从而建立了一种寻找自身的线性历史，与中国思维无始无终流动的特点差别甚大。

且不论巨大差别，即便是斯多亚哲学、犬儒哲学、伊壁鸠鲁哲学自身也未能取得进展，否则，他们与东方思维的相同之处比黑格尔主义的要多得多。几个世纪之后，17世纪斯宾诺莎的唯物主义物活论，20世纪起出现的存在主义，更有力地重新找回了接近中国内在性和直觉性思维的观念：

对重建观念结构不容提出反对的同时，接受现实和自然为不可否认的事实。

亚瑟·叔本华的重要贡献是确认作为第一可视性，存在着一种生命"求生意志"，它才是起始原则。① 这一观念导致了揭示西方哲学和康德提出的原罪，是将显现的现象与不可知的本体或物自体相分离。在叔本华看来，现象出现后还不是真理本身，而是人类理性编织的一个先验结构，是通过内省来实现的。这是一种先于思维的意志，是一种不受主观影响的意志，这种意志在所有事物和整个自然上都有表现，在人身上表现为意识。叔本华的这一命题在晚了二千四百年之后确实接近了中国思维的自然可视性。

叔本华的假设对海德格尔也产生了巨大影响。在海德格尔看来，生命作为单体存在，是"我在"，因此，人类与自然、与生命、与事物有一种先于理论的存在关系。遗憾的是，马丁·海德格尔受索伦·克尔凯郭尔的影响，比叔本华更着力地在其著作中加进了有限痛苦、自我和时间因其"时限性"而存在，就像一种"无感觉"；有限痛苦是死亡前作为末世论或最终结束学说的组成部分；犹太基督教的死亡、天国、有限等等词句。尽管如此，叔本华和海德格尔哲学中重要的观点，即意志或存在像是处于不可否认和直接的流动状态，更接近于对道教或儒家自然流动的内在的、非先

—————————

① 参见亚瑟·叔本华：《作为意志和表象的世界》，罗萨达出版社（布宜诺斯艾利斯）2008年版。

验的确认。但对于中国人，存在主义提出的"无感觉"或有限痛苦论缺乏实体支撑，因为根据中国人的逻辑，人及其重要性、其家庭和其未来都是整个自然的组成部分。

　　然而，叔本华和海德格尔的最大贡献，是提出了意志和存在是不可否认的结构，像是前理论意识。几年后，莫里斯·梅洛-庞蒂在其著作《知觉现象学》① 中发展了这一论题，指出它是一种属于身体非理性前意识。在他看来，笛卡尔的"思"是在一个确认其前意识身体内的思考。例如，以米为单位思考距离，是基于其身体知觉到接近的可能性，鉴别彩色的色彩关系是在身体首先知觉到发光之后。所以，存在一个身体首次意识（知觉），在思维对现实所思和与现实分离之前，使我们感到是现实的一部分。

　　总体来说，存在主义哲学思潮在关于前理论结构和生命可视性上，与中国的无创世主自然观、与人类是自然所固有的，和非对抗性的组成部分的观念接近。但关于痛苦存在的观点，则与中国思维相差较多，对于中国人，自然和生命也是我们其中一部分的毋庸置疑的可视事实。所有一切也是中国人面对现实的象形或表意文字的产物。

　　叔本华和海德格尔的巨大影响在尼采身上也表现出来。尼采强烈反对黑格尔和德国浪漫主义提出的关于历史"意义"和"终结"的命题，这些命题提出：通向某个必然结

---

① 莫里斯·梅洛-庞蒂：《知觉现象学》，伽利玛出版社（巴黎）1967年版。

果的历史在发展中需要矛盾或矛盾不可回避。尼采提出有必要反对这一结果的不可回避性，并且拒不接受历史的这种意义，他对之抗拒，表现出一种真正贵族的精神，一种反抗虚伪道德的人类精神英雄主义，并将其从受支配约束的历史中剔除出去。对他来说，这一剔除就像古希腊的一出悲剧，其中意志和需要相结合。

从上述所有思想家身上，我们可以察觉感受到他们在强有力地把生命和其外在表现诠释为一个不可否认的事实，之后的亨利·柏格森及其生命哲学也对之大力支持。这一思维谱系耗时 25 个世纪，在物质和精神之间、亚里士多德的形式和质料之间，或自身变得杂乱无章的思维和真正现实之间，竭力避免出现大的思辨冲突。

有了诺姆·乔姆斯基的天生的生成语法的内在观念或维特根斯坦的元语言后，语言学获得了更加清晰的表述。尽管没有明确提出，但他们两人与中国思维颇为一致。例如，有关词汇及其蛊惑性，维特根斯坦在完成其著作《逻辑哲学论》时写下了一句名言，"凡是不能说的，就应该保持沉默"。这完完全全重复了孔子两千五百年前说过的"我不想讲就不讲"。

第 八 章

帝国主义理性与无人侵之意的和谐

中国自视为天下，即"普天之下"，这种意识视集体为一种本体、一个单位，也把蒙古人和满洲人包括在土生土长的中国人之列。另外，除匈奴入侵之外，在中国未曾发生过其他任何能改变源自于儒学前新石器时代的"中国性格"的外部入侵。顺从、君权、家族这些基本观念，立足于往昔经验，巩固促进了社会团结；这在王朝生存周期性变化中得到证实，仅在法家时代有过小小瑕疵或例外。

这一观念的持续，导致社会上长期形成了一种普遍认可的满足意识，其结果，是在对外行动中对"真理"持不肯定原则。尽管中国掌握的先进的冶金技术、火药、炮管、指南针，以及航行体系和海上力量比其他国家要早，远远高于5世纪时可与之抗衡的分裂落后的欧洲，但中国毫无"征讨"的观念，要到其他地区去强加其文明优势。

中国没有帝国征服的嗜好，或西方文化"传教士"式的冲动，而正是那些嗜好和冲动曾驱使亚历山大大帝多次发动征讨，推动现代帝国的十字军远征或争斗，去宣扬其哲学思想和建筑风格。例如，经教皇下达训令，欧洲对新大陆的每次征讨行动启动仪式上，都要宣读帕拉西奥·鲁维奥斯在

1534 年写下的"传告"一文，简明扼要地阐述西方文化的观念，如上帝、创世、信仰、语言、教皇和君主的权威，等等。只有在宣读之后，行为者方可使用武力。① 这不过是字母优先的一种影响，或对现实或所指的能指。似乎西方文化的能指高人一等，比"被发现的"社会更正确。

传告，作为一种观念，在中国是无法想象的。来自境外的外国人提出的所有接触提议，被认为是难以接受的要求。1793 年就发生过英国国王的特使马格尔尼勋爵事件，向他退还了 700 箱科学仪器和物品。乾隆皇帝对此解释说，"我们无所不有，从不贵奇巧，更无需尔国制办物件"，虽然物品中有牛顿的经瓦特 1765 年改进的蒸汽机（模型），但仍要求英国国王继续按乾隆皇帝的诏书办，也就是说，人留下可以，但与中国接触，想也不要想。

也许，"天下"这一儒学封闭自守的政策，在其学说中是与法家、与始皇帝的长城等孤立思想很少见的一个相同要素。中国从其文化自信的角度，仅仅是向蛮夷表示"人道的公正和理解"——基辛格说得恰如其分②。而如今，中国首次立志面向世界，这一变化的意义深远巨大。

---

① 参见茨维坦·托多洛夫：《征服美洲》，21 世纪出版社（墨西哥）1987 年版，第 158 页及后续页。

② 亨利·基辛格：《论中国》，兰登书屋（巴塞罗那）2012 年版，第 37 页。

15 世纪首次走向世界

实际上，在 1405 年至 1433 年间，在明朝统治时期，为寻找臣属国和朝贡，中国曾对印度洋和非洲进行了重大和密集的出航，由郑和太监领导，统领 287 艘船只和 27000 名士兵。我们的看法是，郑和信仰伊斯兰教，他是伊斯兰宣礼官之子，其内心动机是抵达麦加。但在还差几公里就到地中海时，伊斯兰的出现，使西班牙处于分裂状态，法国尚未统一，意大利形势动荡不定。

郑和通过穆斯林线人知悉了这一切，他返回了中国，船只被销毁。之后，中国便选择了保留向内增长的旧思想，豪迈地远离了其他一切。而与这一解释相左的说法是，中国早就有入侵高丽和日本的意向，这是因为中国人当时认为，这些王朝是属于被强行夺走的天下。

与之相反，欧洲世界对其他不同文明的地区，一直致力于进行征服和殖民化。在中国舍弃其伟大的探索之后一个世纪，欧洲推动扩张以寻求新大陆。之后发生的是，与"历史偶然"的逻辑相关联：新大陆增强了市场，向东方扩张，征服印度，1745 年发明瓦特蒸汽机，劳动力向能源领域聚集，产品数量倍增。尔后，欧洲入侵中国，中国生产倒退，深受屈辱。

如今再次走向世界

根据《和谐与战争》的研究结果，中国没有帝国主义的意向，这可从中国向世界解释其思想意识或官方计划中得到印证。作者设问这是否是儒教和平主义、文化现实主义或"战略现实主义"的产物，但不管是何种答案，中国在其历史上一直践行着这样的信念。中国坚守尊重各国人民主权和不干涉内政的原则，这些也许来自于道教的无为思想。

早在我们时代的头几个世纪，中国与欧洲的贸易业已存在。马可·波罗兄弟在13世纪曾在丝绸之路留下足迹，中国的瓷器和丝绸也曾抵达西班牙在美洲的殖民地换取金银。但自1850年鸦片战争起，中国与外界的大规模交流就带有被迫性，欧洲所有列强，包括美国在内，在中国设立自由通行港口或强占租界。中国不愿承认西方技术出类拔萃，乾隆皇帝就曾这样答复英国国王。让天下和谐自由地增长，这在当时是最好选择和唯一之道。

清朝统治后期，1850年至1870年之间，曾国藩作为一位现代化的伟大推动者，通过煤炭、铁路和采用技术工艺谋求现代化。共和时代和国民党时期也想步其后尘，然而，到20世纪末，通讯和信息新技术勃然兴起，数据储存传送能力巨大，中国在邓小平的推动之下，进行了改革。

中国在不接受帝国主义的哲理的前提下，增长首次面向世界，以全球化的新儒学面貌出现在世界。中国在全球利用其巨大的生产规模，立足于其日益增长的国内市场、成本低廉的集体生产率，来吸收技术和资本。

尽管如此，中国不可能在不远的将来变成一个政治或军事帝国，或者卷入全球冲突中去。美国认为自己要对全球冲突负责，要充当仲裁人，欧洲在某些情况下也同样如此，只不过是程度较低。也许，中国会为确保未来初级原材料、矿藏及粮食的供应，要与拉丁美洲和非洲的非民主政权或中央集权政权建立贸易或金融关系，就像对委内瑞拉或厄瓜多尔那样，预先订购资源。但这限制在一定范围，没有任何全球企图，也不是要强加一种政治模式。正如杜克大学亚洲研究部刘康教授所言，中国"务实外交"的基础，在于"中国在拉丁美洲的投资不是建立在意识形态之上"。

目前，中国仍把某些历史议题作为其国际活动的基本要素：恢复在天下的单一性，"只有一个中国"。另外，尽管中国和日本经济互补越来越紧密，除日本帝国主义曾在中国出现的历史背景外，中国还怀疑日本会为几个岛屿引起冲突。

最后一点，与印度的关系。中国在经济、技术和社会领域已大大超越印度的情况下，承认印度是一个互补的经济体，两国保持互相尊重，尽管印度有核力量。中国在其外交政策中提出的尊重与和谐的观念，本质上属于儒学，不像是遵从任何战略，而是继续奉行以前不干涉别国内政和尊重各国人民生活现状的路线。

第九章

邓小平与儒学

在邓小平思想指引下，中国启动了一场深刻变革。在中国历史上首次开启"外向"的增长，放手提升自然和社会力量，让这些力量"像水"那样流动，但这次是向中国地理空间外的流动。中国思想的这次变化意义重大，对其他经济体和政治制度也影响非凡。与此同时，世界也发现，中国市场巨大，日益增长，1985 年至 2005 年，中国将关税从 55% 降至 9%。遵行此路，邓小平也有先例，1860 年至 1870 年时期的曾国藩，之后是儒学大家康有为，他在 1898 年提出对教育、贸易、军队和信贷进行改革。

　　正如前述，儒学象征自然和社会力量的解放，而邓小平则代表了生产力的解放。在邓小平的领导下，恢复了儒家"让流动"的价值观，以及道教"无为"——对自然"无所作为"信念。

　　另外，与邓小平一样，江泽民、胡锦涛和习近平确立了和谐周期或"过渡阶段"的观念，为此，将中国社会中所有有助于生产和经济壮大的社会阶层，吸收到共产党的领导之中。

　　不容置疑，邓小平和中国领导者远早于世界其他领导人，在 40 年前就曾预言，信息和通讯技术的发展，使世界市场进入扩张周期。也估计到，中国的低成本构成就业和面向国际市场的生产的基本要素。所有这一切都在邓小平的预测之中，其文章和演说均有表述。中国政治家或学者可以做得比西方人更加清晰、更加有自信，这就是长时段的理性。其他人也许会想到，但只有中国将之变为生气勃勃的政府行动纲领。

如今，中国和谐团结，表现为整个国家在一个政党领导之下，把社会全体——工人、农民、企业家和科学家等，融入到一个统一阵线，为发展生产力的民族目标而奋斗。这一逻辑意味着，由于不存在一个阶级对另一个阶级的政治优势，所有制的多样性迫使社会要协调一致和相互宽容，并要包容新的行为者。

在西方大部分民主政体国家，两党制或选举第二轮的机制安排颇为活跃，同样走的是协商之路，但其效率不高，这是因为支配观念仍占主导地位，一个集团总想凌驾于其他集团之上，这正是能指支配所指的观念原型所决定的。

在邓小平指引下，农村平等和家庭责任制取代了人民公社时期的集体主义，废除了国家垄断，再次兴办农产品贸易市场，提出通过增长繁育社会财富，并推进教育作为价值和再分配工具。

经济史的倒叙验证

邓小平坚持利益原则，曾说这"不是取代马克思主义的理论，而是遵从人类本性"，"每个人都要反思自己"。[①] 在他之前，在 19 世纪，上面提及的曾国藩、康有为在清朝大难临头之时也在推动现代化，就是在清代儒学最显活力的康熙王朝，也推动贸易、降低税收。在清朝之前的明代各王朝，税赋已减少。隋朝在公元前 509 年建立强行征兵制被推翻，唐代王朝取消了对盐、大米运输的垄断，唐太宗恢复了家庭平等农田，大兴贸易。

再往前的朝代，汉王朝在景帝去世后，汉武帝施政，为消除垄断，举行了有关盐铁的著名大辩论。东汉时期，儒家弟子反对篡权者王莽，因他恢复了垄断和土地国家所有制。我们将时光再退回到周朝，在公元前 500 年建立了"井田"制，推动贸易。

总而言之，儒家学说和道教戒律引导文人学士在两千年里捍卫家庭首创精神和贸易。假如没有儒学，像 13 世纪的马可·波罗那样的少量来访者就不可能发现巨大商品财富，他在京都杭州赞叹不已地说，"任何人只要看到如此多的人群，就会认为无法找到足够的食品养育所有人。然而，在赶

---

① 亨利·基辛格：《论中国》，兰登书屋（巴塞罗那）2012 年版，第 345 页。

集的那些日子，广场上挤满了人群商贩，他们带来的食品成车成船"。还有，没有集体努力，在长安，6世纪唐王朝的京城，就不会有200万工匠生产人口，而在那时欧洲城市人口才不到5万。

邓小平揭开了新篇章，把无为观念和永不止息变化的思想与生产自由相结合，第一次面向外部世界，同时也克服了集体主义、公社和国家垄断这些障碍，当时甚至"禁止鸡猪个人所有，认为是一种资本主义复辟"。邓小平恢复了有两千多年发展历史的市场的力量，用儒学的话来说，通过个人和家庭责任制推动生产力，同时，也吸纳国外技术，汇集世界资本、市场和科技的力量。

这位伟大政治家凭借这些因素，不仅与富兰克林·D. 罗斯福及其"新政"相媲美，还推动了与国际市场共存的和谐周期。之外，他还预见到信息和通讯的重要性，认为这是时下全球生产方式的新的推动力量。在某个场合，邓小平高声疾呼中国人民有权掌握信息，有权拥有高速计算机，但也不用舍弃"算盘"。

中国人结合其市场规模降低成本的因素，估算出中国增长、消费和生产的可能性。为此建立起经济特区，将外国技术与中国劳动力相结合。

邓小平考虑的另一个议题是维护中国整体性，即主权、文明和文字的单一性，中国建设要由一个代表全体人民的政党来领导。这种看法传承千年，因此，在几次党章修改中，将所有整个民族的优秀分子纳入党内，获得异同互补，中国思维两千五百年来一贯如此。

　　另外，邓小平务实地创建了"过渡阶段"的概念，指出过渡阶段可能要持续上百年，以此把过渡转变为一个目标。在整个过渡阶段，发展是硬道理。

第十章

准备未来

中国世纪起始于 1980 年，伴随而行的是"全球化"和信息通讯技术的周期，信息通讯技术快速反馈到市场，推动世界经济体系各组成部分的连接互补。我们有许多理由可以预见，依据中国近 30 年中做到的和执行的，中国可能还有一个中等的或较长的增长周期。

　　第二点，最近 30 年，中国吸收了巨额外国资产，建立起大量工业工厂设施，推动了国内基础设施高速增长，取得了人类资本显著发展。值得一提的是，每年毕业的工程师就有 50 万到 70 万之多，这意味着在中期，世界许多项目，建设、制造的开发分析，都可在中国通过虚拟手段进行。中国在 30 年中形成了有群聚效应的巨大引力，继续吸引资本、出口技术和商品，展现出长周期趋势。这是一个因果圆周。中国生产导致其他国家出现生产率不足、生产萧条的问题，这也增强了中国引进投资能力。

　　第三点，中国国内消费已演变为发展的基本动力。商品出口和向外增长经历了 30 年之后，从国内消费看，中国社会拥有强大的中产阶级，估计再过 30 年将达 8 亿人口。①
这意味着中国内地地区在进步，这些地方对于现代化中国的
城市和生产中心，就像是一个外部市场。因此，世界市场因
中国更高生产率和竞争力出现的任何失调，都将由国内消费
增长来弥补。

第四点，如果假设由于自身增长，在中国必将出现大的
冲突和提出更高工资的要求，但要记得，中国增长尚未达到
其已装机或可装机能力衰竭的极限。由于其工资水平较低，
生产规模比世界其他生产者要大，仍有巨大的扩张余地。另
外，还要记得，中国每年可将 1500 万至 2000 万的人口加入
到国内市场的生产行列，或向现代化部门提供劳务。这些群
体的加入可遏制任何工资性成本提高，或抑制任何系统性通
货膨胀的趋势。与所有预言相悖，2012 年中国通货膨胀率
是 2%，预计 2013 年将更低，就可佐证。

第五点，中国工资性和能源性生产成本比美国和欧盟要
低。另外，中国为支撑高增长率，需要从拉丁美洲和非洲购
买原材料来巩固其外部市场。这样将推动这些国家的增长，
同时也保障中国制成品出售到这些经济体。像秘鲁、智利和
其他国家向中国进出口比例出现调整，取代了美国和欧盟，
就证实了这一点。这同时也证明，影响圆周和贸易互联链条

---

① 参见金晶恩：《亚太：二十一世纪的地平线》，2011 年，在拉美开
发银行、秘鲁国际研究中心和迪埃戈·波尔塔莱斯大学举办的"世
界舞台上的秘鲁"研讨会的发言，利马。

已经形成，这将反哺未来几十年的中国增长趋势。

第六点，中国已把我在另一本书中所说的"非洲计划"纳入其长期战略之中。[①] 中心思想是债务国无力解决世界经济体系的衰退因素，因为债务国的经济失衡、社会保障超额支出和官僚作风，阻碍了问题的解决。约瑟夫·斯蒂格利茨这样的著名学者对欧洲国家提出的扩张建议极为不当，在目前情势下追寻扩张，只会使高债务经济体的债务更重。这是把20世纪30年代的凯恩斯主义经验做法移植到一种完全不同的情势之中。

只能通过投资基础设施、投资未来生产，才能走出危机，迈入一个新的长周期增长阶段。也就是说，与凯恩斯主义的目标相似，但只能是在那些无超额负债或无通货膨胀风险的危机国家。但是如果西班牙、意大利或葡萄牙选择一条扩张之路，这些经济体命运将会如何呢？这些国家面临的问题众多，不会有奇迹发生。应继续修正其过度支出。债务经济体如何克服赤字？更多负债吗？更多负债是不可取的。

这也就是说，只有在像撒哈拉非洲这样的新地域——人口多、资源多、产出少，才需要对生产和基础设施进行大规模投资。只有这样做了，发达世界才能为其产品和技术开辟一个市场，为以较好价格购置粮食和矿产品打开新的空间。

然而，"西方世界"及其国际组织，对如此规模的计划

---

① 参见阿兰·加西亚：《克服经济恐惧症》，普拉内塔出版社（利马）2011年版。

项目，却缺乏决策能力，也无专业的和长期的意识，因为在其矛盾思辨思维中，分割了许多相互竞争的领域。中国具备这一能力。中国在非洲有巨大投资，为其资本和制成品组建一个着眼未来的新市场。中国目前正是这样行事，也将继续做下去，因为有三万多亿美元的外汇可支配。除此之外，中国的政治领导也是其长时段眼光的组成部分。

中国之地域广阔，已在引领整个亚洲——不仅仅对东南亚，在那儿已有直接影响，包括整个印度次大陆，后者与中国的生产和贸易的互补性正大大增强。因此，预计到 2040 年和 2050 年，有中国作为未来 20 年的中心经济体，即便中国年均增长率会降至 6%①，亚洲的生产仍可能占世界产量的 50%。估计到 2050 年，中国、印度、印度尼西亚、巴西、泰国等国家生产的，要比目前世界经济体"七国集团"的还要多。

这些数据和趋势表明，中国将继续影响"全球化"进程的基本指数，如信贷成本，世界工资水准——美国平均工资 2013 年第一季度下降了 3.2%——当然这也取决于各国的官僚规模、对生产率和技术水平的要求。这将迫使一些国家经济整合成生产和商品区。这亦是秘鲁、智利、哥伦比亚和墨西哥组成太平洋联盟的基本理由所在，该联盟是秘鲁政

---

① 参见凯伦·沃德：《2050 年的世界：从 30 强到 100 强》，汇丰银行 2012 年版；《展望 2060 年：远期增长的全球视野》，经合组织 2012 年版。

府 2010 年提议成立的。

在中国的大趋势面前，其他地区的变化强度却相对低弱。欧洲成员国竞争力和生产力的恢复，平均需要 10 至 15 年的时间。首先，需要处理畸形福利国家的过度支出；之后，需要长期支付债务。这意味着，像法国、意大利、西班牙和希腊等国家，在中期稳定进程中，要降低负债水平（有些国家负债率超过国内生产总值的 100%），并减少政府支出。尽管德国为支撑增长已做出巨大努力，但欧洲大陆的巨额赤字负担已使其经济降温，如同经合组织和国际货币基金组织宣布的，很有可能在未来 10 年内平均增速是普普通通的 2%。2012 年欧元区负增长 0.5%，预计 2013 年是零增长。同时，即令按这些组织最悲观的看法，中国在未来 20 年将平均增长 6%。①

可以预见，与欧盟的形势不稳定相比，亚洲地区的生产朝气勃勃，投资流向继续为亚洲实现预期增长提供动力。日本方面，今年（2013 年），开始执行货币贬值政策，并注入资本以摆脱通货紧缩。尽管这将推动出口，但也将使日元证券持有者寻求更稳定的货币支持，或者进行长期高回报的投资。这将进一步加强像中国或某些拉丁美洲国家的经济体的作用。

还可以预见，欧洲社会为维持最近 30 年中取得的福利

---

① 国际货币基金组织：《中华人民共和国　成员国 2012 年报告》（第 12/195 号报告），2012 年 7 月 6 日。

和消费水平，在讨论单一货币、按期支付其债务或成员团结这样的议题时，或将从政治和体制上推动经济民族主义的复活，就像目前处理西班牙的加泰罗尼亚问题那样。

做此分析时我们不应忘记，欧洲认为，古典至善圆满论的大部分思想和消费享受型福利国家模式仍旧有效，应继续保持；也不应忘记，欧洲的"公正逻辑"仍旧认为资本是"不付薪劳动"或剩余价值，像两个世纪前那样抨击"野蛮的资本主义"和企业家们。

在旧大陆，仍将历史"必然性"逻辑与政治革命的神话联系在一起。因此，其福利社会观念使更多阶层联想到的是少努力、多享受。政治替代了宗教，作为通向天堂之路。但在这幅景象中，早在预言中国会出现混乱之前，欧洲社会阶层之间的更大矛盾就已在形成之中。这使得"旧大陆"经济调整和重新增长的前景变得愈加困难。

美国方面，当前迫切需要解决的是财政赤字，长期来看，还有对世界的庞大负债问题。尽管民主党政府予以否认，但这确实无疑。美国行政当局在今年（2013年）反对自动削减850亿的"戏剧化表演"——拖至剧终才发生，证明了削减赤字措施不可避免。另外，美国同时增发债券和美元，这一手段措施必不可少，但越发损害其经济，使经济越来越依赖外部举债和金融问题的解决。这同时增强了中国抗衡美国和世界市场的能力。因为中国在许多年之前已是美国最大的债权国和美国证券持有国，拥有谈判的基本武器，只要威胁将美国的国库券投放市场就能使美元贬值。

总之，预测中国的增长，只要做一个商品生产方程就行：将其工资水平、生产规模、人力资本形成与已实现的工厂投资联接在一起，再将这些因素与现存的可流动到制造业部门的农民储备大军和中国粮食生产做比较。还要加上国际影响的因素，这些因素是中国购入原材料、原材料出口国购进中国产品反哺而形成的。

　　如果将这一增长动力，与欧洲的增长可能或美国的经济进行系统性比较，我们就不难理解，在中国存在一个长时段趋势，在这一趋势中，我们应看重人口群体、共产党确保的秩序和包容社会所有阶级的集体行动这些结构性元素。除了这些元素，还有邓小平开启的革命增补的新因素：面向世界发展，成功地为中国内外消费开创了更大空间；决定采取适合中国的世界最现代化技术；接收国际资本。

　　要证实以上所述，只需分析一下全球经济的近期起伏。每当世界体系年均增长近4%，中国增长率就高于9%，欧洲国家和美国的增长率仅为3%。当前世界增长率降至3%，中国下降至7.5%，而发达国家增长水平减至1%或2%。中国与世界其他国家的增长关系也保持着相同比例。①

──────────────

① 参见国际货币基金组织：《中华人民共和国　成员国2012年报告》（第12/195号报告），2012年7月6日。

第十一章

如何与中国共处并借助其推力

想要参与分享中国今后几十年的增长，无论是作为同盟者，或者作为竞争者，一定要超越眼下的经济事实和商品交换的范畴。一定要理解文化的意义、心理动机以及天下历史的局限因素。只有这样，才能借助其未来的可以预见的进程。其次，想要与中国增长相结合，与其俱增，必须审时度势，即在不放弃我们自由文化和价值本质的条件下，以西方的方式吸收接纳中国的观点。

　　本书开卷时我们曾提醒，中国若以其秩序、生产纪律和非思辨思维观念来影响我们的社会，要比西方性格中以个人为中心的自由、议会政治冲突体制以及思辨思维的观念去影响中国社会和中国理性，来的容易些，而不是相反。

　　与当今中国的交汇必不可少，做到这一点要考虑一些大的因素。首先，每个经济体要有更高程度的开放，开放不只是对中国，也对世界其他国家，要克服阻止执行积极流动的形形色色的保护主义。因为未来几年，世界市场的积极流动对各国发展都是一种推动。最近 20 年的情况表明，那些贸易比较开放、进出口总额在国民生产总值中比例较大的国家（中国、新加坡、智利、秘鲁），增长就较快，就业也增加，社会条件得到改善。

为此，就一定要"破除"对商品流动的限制，为技术和加工建厂提供便利，但同时不放弃对其产品和服务质量的监管，不放弃在各国内部推动企业竞争。还要提高政府行政管理效率，意识到世界对投资需求的压力巨大，意识到现有信息和流动性需要更高效率。据测算，2011 年和 2012 年世界外国直接投资平均 1.6 万亿美元，但更多资金留存在银行，等待盈利机会。目前美国联邦储备署、日本银行和欧洲中央银行的流动性注入，已经使这一金额翻番。

另外，在我们社会中应提倡家庭和公共储蓄，以中国为榜样，中国储蓄率超过 40%，应推动更多基础设施建设，使每个国家能释放区域生产能力，并且加快人力资本和企业的流动、创新和转型，以有利于竞争。

考虑到可行计划、技术和教育的科学内容在增加，在与中国的交汇中，对劳动力继续教育培训将成为一个中心议题。这不意味着要在学校教育中取消人文或思辨理性的培养，因为这些使个人自由能发挥渐进式矛盾命题能力。然而，只有教育具有更多科学、技术和务实的内容，才能使个人、团体和国家在不远的将来适应中国和亚洲的增长，特别是通过虚拟手段与其竞争。

在政治方面，我们体制的一个中心目标应是确保秩序稳定，这并不意味着要建立专制，而是要求民主国家在相关目标上有更多的协商一致，实现这一点，要通过合法程序，要有明确的决策时限。失去稳定，更多的情况是在我们国家民主生活的目标激烈转向，将导致无度放纵和耽搁拖延，使国家在世界竞争中的前进步伐放慢。任何耽搁拖延只会降低国家在节奏更快的社会中的地位，坐失提高人民福利、就业和生产质量的机会。

要利用好中国现象的势能和全球经济的发展，我们国家不能像往常那样任意改变目标。应有一个长期计划和目标。也要避免重犯官僚膨胀、保护主义和福利主义这样的错误，"官僚膨胀"导致不稳定，陷入非生产性的过度负债；"保护主义"导致通货膨胀、技术落后，对重商主义小团体有利；"福利主义"窒息社会的创造力，减少基础设施工程投入。总之，要避免采取陈旧和失败的国家主义和集体主义模式。西班牙、希腊和葡萄牙，在世界这一边的还有委内瑞拉或阿根廷，他们官僚主义和保护主义的表现非常典型，他们经济增长无几，竞争力欠缺，就是充分实证。

欧盟也是这方面的一大样板，其机制性保护主义在近几年收益的是中国，在欧洲内部，收益的是生产率较高的德国。委内瑞拉依赖石油财富，极端福利主义加国家主义的情况也是前所未有，颇具讽刺意义的是，石油财富反倒成了失业、技术落后和专制主义的起源。所有这些，将随着中国模式有条不紊、简朴节俭和纪律严明地向前迈进，而渐渐失色无效。

美国的情况不同，凭借其资本、技术、教育的历史积累和消费普泛化，两个集团或政党在社会经济计划上的聚合力较大，游戏空间较小。相反，拉丁美洲国家的进步远远不足，应当克服经济和政治上有章不循的现象，增强政府的财政权威性。

国家应坚定不移地推动增长，但不能为此而变为一个企业型国家，世界投资资源充足，可以低成本快速地实现生产和就业目标。我们需要的是远离官僚、灵敏高效的国家，以此克服历代社会的历史错误，即为维持国家而劳作，与此同时国家为生存使社会负债累累。

国家管理应当是专业化的、技术型的和高效率的，这要依靠教育，按照孔子的教诲，实行两千五百前中国周朝建立的官员考试中任人唯贤这一古老而智慧的模式。

另外，我们与中国共处，方式方法要有建设性，要行之有效，组成贸易和生产相结合的大型集团。秘鲁、智利、哥伦比亚和墨西哥组成的太平洋联盟，应大力促进共享型的服务业和投资，推动农工商企业与季节性互补的产品出口价值链相连，集体面向大型采购集团，特别是中国。还应加强集团内部的交叉投资，满足大众消费和生产需要。

如果拉美国家不能快速实现这些目标，就会纷纷重蹈欧盟一些经济体的覆辙，何况我们消费和补贴的"社会缓冲器"作用要比欧盟逊色。

我们应该记住国际组织和研究中心的一致推测，到2030年，中国与亚洲其他国家加在一起，将成为一个生产接近世界产量50%、中产阶级水平的人口将有10亿的大型集团。根据测算，世界市场每年需要增加提供800万吨肉制品、200万吨海鲜产品、1200万吨水果和4000万吨蔬菜。①
如今的中国，拥有百万美元的人近百万，人口100万以上的
城市有161座，高速列车铁路线超过1万公里，上百座机场
在建设中。

有些人认为或相信，中国增长或"中国威胁"将受制
于其自身的扩张和社会压力，对这些人，我们要再次提醒他
们，他们的解释是与实际不符的。首先，产品和劳务的消费
增长，与要求更多参与国家政治生活之间，不存在机械式的
直接联系。这一即时主义错误基于一种命题，即由于人的行
为方式和要素相同，因此他们的动机和路径也是完全相同
的。但经验证明，这一方式不起作用，因为文化和历史节奏
相异。

中国内部目前正在进行一场伟大的政治改革，与以前的
集体主义和全面国家主义经历相比，目前中国的制度已有显
著进步。我们应该更忧虑的是任意妄为的民粹主义，民粹主
义与欧洲自由民主同时诞生，在像南美这样的大陆也占据不
小空间。我们还应懂得，政治并不单纯是一个国家代表机构
的集合体，从广泛意义上讲，正如罗伯特·达尔所定义的，
是所有社会机构在政治方面的总和。政治制度是人们或团体
的影响及互动的结合和表述，以规范行为和做出决定。但决

---

① 金晶恩：《亚太：二十一世纪的地平线》，2011年，在拉美开发银
　行、秘鲁国际研究中心和迪埃戈·波尔塔莱斯大学举办的"世界舞
　台上的秘鲁"研讨会的发言，利马。

定不仅仅是指如有关中国与美国或与核大国的关系这样的大决定，也应指向最接近社区和公民社会的大量议题。

在中国，是有关经人民选举产生的农村城市的区县政权的决定，是每个自主经营企业和大学的内部决定。在所有这些机构中，参与决策的信息和意见，其传递不可掩饰，而且途径多元——直接的或通过有 8000 万党员的共产党。

在中国有自由意志表达区，即我们西方人所说的民主空间，存在于上亿人通过互联网和移动电话现代体系方式的联系交往之中，存在于中国传统思想实质性元素的家庭内部。另外，消费模式也可自由选择。还可证明所有这一切的，是中国工资增长指数，受近几年增长压力，增长指数已在高位。毫无疑问，在中国，自由的范围在不断扩大，并相互反哺。

认为中国行使共和国主席和人大代表的选举权，会有更广泛的参与，形势将会动荡，因此增长会放慢，这种看法也与实际不符，因为其没有看到中国性格中的一个关键元素是务实精神。不认可这一理由，如同对高增长率视而不见。尽管美国具有所有言论自由的机制和政治斗争，也只在某些时期才取得高增长率。

政治要求并非是一种机械功能，或经济增长的必然效应，反之亦然。中国已摆脱了集体主义、国家主义和官僚政治的体系，在旧体系中，自由没有如今这样广泛普遍。中国也明白，国家现在取得的经济成就是靠经济新模式和政治领导，而这是在旧体系下无法做到的。

现实的原因也证实了这一点。加埃塔诺·莫斯卡在阐述政治阶级论题时曾指出，政治阶级的坚固性之一在于其组织能力；社会与政治阶级不同，社会整体缺乏组织能力。他还指出，社会越大，结构性少数提出替代方案的能力就越小。

中国的情况是，参加共产党的成人有 8000 万，对拥有 9 亿成人的 13 亿人口实行领导。中国地理空间辽阔，大城市上百座，村落 80 万，对如此大的空间去设想构建一种取代目前情况的方案，实在是想入非非，尤其是在领导精英创造就业和减少贫困方面取得实实在在的效益的时候。

在中国还有其他自由意志因素，比如旅游，如今中国人有权——过去 50 年是没有的——根据其条件到国内外旅游。其次，有累积财富的权利，按照邓小平理论，致富被赞美是一种美德，表明了不支持在中国实施贫困的共产主义。

根据统计，在中国，百万富翁有 80 万，拥有上千万美元资产的有数万人。但"致富权"不限于给予类似贵族、中世纪和种族性类型的垄断上层。否则，现在必然会出现中产阶级或资产阶级的反抗，就像 18 世纪欧洲民主革命时所发生的那样，要求打开以开放领地继承遗产的长子或家庭遗产继承田产的对外封锁的森林。

西方社会至今不能正确地理解中国，是因为在分析中国时一直机械地移植观念。

在这种情势下，邓小平的领导有儒家风范，自他领导起，中国便具有了着眼长时期的品质的能力。

中国将继续迈进。2012 年中国增长 7.5%，2013 年计划增长 8%，也许 2014 年增长率同以往一样，总是高于西方世界的平均增长率。据此，我们坚持认为，参与中国增长的唯一办法，是在建设性地借助中国增长的同时，从其历史、从文化着手去深刻理解中国，领会天下行动的深刻含义和动机，同时使我们的性格去适应共同的观点看法。

为避免对人民有更多损害，西方领袖们，默克尔、奥巴马、拉霍伊、罗塞夫、培尼亚·涅托等，应推动紧缩政策、维持秩序、提高生产率、增强竞争力、发展教育，并努力战胜困难。所有想保持就业、捍卫社会福利的政府，应认真钻研儒学、了解中国历史，继续与中国共存。理解中国，与其俱增。因为，由于贸易交流、市场互动、信息传递新动力、科学发现倍增，世界经济体系为今后的发展繁荣准备好了充分空间。100 年前，地球上只有 35 亿居民，为"生命空间"痛苦烦恼就将人类拖入了战争和死亡泥潭。而我们现在人口 70 亿，贫困比例在降低，消费在增加，寿命在延长。历史告诫我们，孔子也曾这样言述，自然、人类智慧和勤奋，远比不祥预测要高明。

参考文献

1. 凯伦·阿姆斯特朗：《大变革：佛教、苏格拉底、孔子和耶利米时代的世界》，帕伊多斯出版社（巴塞罗那）2007 年版。（译者注：中译本名为《轴心时代：人类伟大宗教传统的开端》）

2. 丹尼尔·A. 贝尔（贝淡宁）：《中国新儒家：变化的社会中的政治和日常生活》，普利斯顿大学出版社 2008 年版。

3. 美洲开发银行：《构建亚太和拉丁美洲及加勒比关系的未来》，2012 年。

4. 费尔南·布罗代尔：《菲利普二世时代的地中海和地中海世界》，经济文化基金会（马德里）2001 年版。

5. 让·博太罗等：《文化、思维和文字》，赫迪萨出版社（巴塞罗那）1995 年版。

6. 帕特利西亚·巴克利：《中国历史》（剑桥），书籍天空出版社（马德里）2009 年版。

7. 乔纳森·克莱门特：《中国第一位皇帝》，克里迪卡出版社（巴塞罗那）2009 年版。

8. 威廉·西奥多·德巴里（狄百瑞）：《中国的自由传统》，哥伦比亚大学出版社（纽约）1983 年版。

9. 约翰·德范克：《汉语：事实与幻想》，夏威夷大学出版社1984 年版。

10. 雅克·德里达：《文字与差异》，安特罗波斯出版社（巴塞罗那）1989 年版。

11. 费正清、默尔·戈德曼：《中国历史：从起源到我们的时代》，塔朗迪埃厄出版社（巴黎）2006 年版。

12. 冯友兰：《中国哲学通史》，麦克米伦公司（美国）1948 年版。

13. 阿兰·加西亚：《克服经济恐惧症，秘鲁经济增长》，普拉内塔出版社（利马）2011 年版。

14. 彼埃·让代尔及其他：《中国、人民和文明》，探索出版社（巴黎）2004 年版。

15. 谢和耐：《中国社会史》，阿尔芒·科兰出版社（巴黎）1972 年版。

16. 格兰言：《中国文明》，西班牙美洲印刷联盟出版社（墨西哥）1959 年版。

17. 何汉理：《中国的第二次革命，毛泽东之后的改革》，布鲁金斯学会 1987 年版。

18. 布赖恩·胡克与崔瑞德：《剑桥中国百科全书》，剑桥大学出版社 1991 年版。

19. 国际货币基金组织：《中华人民共和国　成员国 2012 年报告》（第 12/195 号报告），2012 年 7 月 6 日。

20. 卡尔·雅斯贝尔斯：《历史的起源和目标》，阿尔塔雅出版社（巴塞罗那）1995 年版。

21. 弗朗索瓦·于连：《中国思维方式》，安特罗波斯出版社

（巴塞罗那）2005 年版。

22. 金晶恩：《亚太：二十一世纪的地平线》，2011 年，在拉美开发银行、秘鲁国际研究中心和迪埃戈·波尔塔莱斯大学举办的"世界舞台上的秘鲁"研讨会的发言，利马。

23. 蒋庆：《儒教宪政秩序：中国的过去如何塑造中国的政治未来》，普利斯顿大学出版社 2013 年版。

24. 亨利·基辛格：《论中国》，兰登书屋（巴塞罗那）2012 年版。

25. 阿布拉姆·卡丁纳：《个人及其社会：试论精神分析人类学》，伽利玛出版社（巴黎）1969 年版。

26. 丹尼尔·莱斯利：《孔子》，安东尼奥·富萨蒂出版发行公司（马德里）1991 年版。

27. 鲁惟一：《汉代的信仰、神话和理性》，昂温出版公司 1998 年版。

28. 安格斯·麦迪逊：《世界经济千年史》，列克星敦出版社（美国）2012 年版。

29. 卡尔·马克思：《前资本主义经济形态》，经济文化基金会（墨西哥）1971 年版。

30. 莫里斯·梅洛-庞蒂：《知觉现象学》，伽利玛出版社（巴黎）1967 年版。

31. 戴维·尼尔森和阿瑟·怀特：《儒教信条》，斯坦福大学出版社 1959 年版。

32. 理查德·尼克松：《真正的战争》，行星出版社（巴塞罗那）1980 年版。

33. 约翰·安东尼·乔治·罗伯茨：《中国历史》，瓦伦西亚大学 2008 年版。

　　34. 让-保罗·萨特：《情感理论概述》，赫尔曼出版社（巴黎）1938 年版。

　　35. 亚瑟·叔本华：《作为意志和表象的世界》，罗萨达出版社（布宜诺斯艾利斯）2008 年版。

　　36. 史密斯·D. 霍华德：《中国宗教》，韦登菲尔德和尼科尔森出版社 1968 年版。

　　37. 史密斯·休斯敦：《世界宗教》，凯罗斯出版社（巴塞罗那）2005 年版。

　　38. 茨维坦·托多洛夫：《征服美洲与"他人"问题》，二十一世纪出版社（马德里）1987 年版。

　　39. 阿诺尔德·约瑟夫·汤因比：《历史研究》，艾德哈萨出版社（马德里）1963 年版。

　　40. 凯伦·沃德：《2050 年的世界：从 30 强到 100 强》，汇丰银行 2012 年版。

　　41. 马克斯·韦伯：《新教伦理和资本主义精神》，经济文化基金出版社（墨西哥）2011 年版。

　　42. 华强森：《资本中国，变革经济战略》，约翰·威力父子出版社（新加坡）2003 年版。

　　43. 吴延润：《理解中国和印度的增长》，世界科学出版社（新加坡）2012 年版。

　　44. 于丹：《心中的孔子：当今时代的古代智慧》，中华书局、麦克米伦出版公司 2009 年版。

　　45. 王元康：《和谐与战争：儒家文化与中国政治权力》，哥伦比亚大学出版社（纽约）2011 年版。

译 后 记

当开始翻译秘鲁前总统加西亚博士这本书时，且不提对翻译难度有些顾虑，内心还带有一丝好奇和疑问。据我所知，在拉美国家，研究中国儒学的学者并不多见，况且加西亚博士是学法律出身，这位拉美政要是如何理解中国儒学的呢？他是如何从儒学角度去理解当今的中国呢？他是如何论述中国儒学与"全球化"的关系呢？

译毕全书，心中的疑团随之化解，感叹加西亚博士知识渊博，视野开阔，目光犀利，思维缜密，行文流畅。字里行间不仅洋溢出加西亚博士对中国文化、历史和人民的深情，也反映出其对中国未来发展前景充满信心。特别是他借助西方著名学者的论析手段，从长时段的历史广角，以世界文明的历史发展脉络，在中西方文化和思维对比之中，认真解剖西方对中国的分析种种差错发生的根源，指明了西方理解中国的正确途径，勾画出与中国共同发展的愿景，这十分令人敬佩。

诚然，《儒学与全球化》一书，并非是一部学术大作。全书理论布局看似庞大，但主题鲜明，内容叙述简明扼要，各章节紧扣主题，前后呼应。本书以文化提领，哲学思维铺底，紧密结合当下现实，由近及远，着眼未来，思想深度跃然纸上。有些章节虽有些抽象概括，但引人入胜，细读并无十分艰涩之感。

在书中，加西亚博士从分析"中国现象"入手，简述儒学的基本内容和传承千年的历史成因，进而概括出"中国性格"及其组成元素；又从形成性格的"文化基因"着手，在分析文字对思维形成的影响作用中，剖析中西方思维的各自特点，尤其是中国思维的独到之处；在鲜明指出西方对中国理解认识的思维偏差的同时，充分论证中国思维以儒学为文化底蕴的优胜性及其对全球化进程的契合性，特别指出西方端正对中国的理解认识的要领。在结束全书时，加西亚博士充分肯定了中国发展前景，提出了与中国共同增长的政策主张。全书立论明确，构思精巧，旁征博引，深入浅出，以西方熟知的言语，婉言引导读者深入思索反思。回眸翻译过程，译者委实受益匪浅。

本书虽主要面向西方读者，但中国读者阅读此书，也定会有所裨益。至少能了解西方各界人士，尤其是发展中国家的政治家们对目前中国改革开放进程的认同程度，领会他们从自身角度对中国儒学的历史地位和文化作用及其对世界文明的影响的理解方式，明了他们愿意以何种思维和方式认识和发展与正在走向世界舞台中心的中国的关系。更为有益的是，这本书可以启迪我们更深入地思考一些问题。

第一，中国历史之悠久、文明底蕴之深厚、人口基数、市场规模和生产潜力之庞大，这样一个大国，三十多年来大步快速迈进世界发展进程，这一历史现象在世界文明史上前所未有；中国与世界各国的交往广度和深度在中国历史上前所未有，各国对中国的重视程度在世界历史上前所未有。加西亚博士敏锐地意识到开放发展的中国大范围、高程度地融入世界之林这一历史现象的深远意义。他在书中开篇就盛赞中国"首次以生产和社会的杰出主体"出现在世人面前，实现了中国"近几个世纪以来极为重要的社会和经济变革"。他将这一现象的深远意义与全球化的重要性相提并论，认为是开启了世界"社会历史新篇章"。假如说中国跻身于世界民族现代化的努力目前还处在"初级阶段"，那么，随着时间的迁移，从长时段的历史观来估量，中国将在世界文明的发展轨迹中留下不朽业绩。对于这一点，任何不带偏见的有识之士都不会有多少怀疑。但同时，这也向我们提出了一个严肃的课题。全球高度瞩目下的中国，又应如何看待这个变化中的世界？如何适应世界其他国家民族的"性格"和诞生于柏拉图洞穴的抽象和猜疑的思维天性？如何对待源自字母文字的"文化基因"和思维方式中"永无止境的质疑和反叛"精神？西方世界，当政者也好，舆论界也罢，对中国的种种猜疑，绝不会因为中国的发展而自然地销声匿迹、偃旗息鼓，猜疑实际并不可怕，甚为重要的是我们应该如何做才能更有说服力地化解种种疑团。

第二，加西亚博士在书中有关"中国性格"和"中国性格的组成元素"的论述也引人入胜。在他眼中，"它们对于社会和生产的后续影响，比商品交换的货币计算要深刻得多"。也许，中国读者会认为其概括提升的并非全面或正确。我揣测，他本意不是刻意地追求其总结论述有多么全面正确，或有多么高的理论性。他只是以西方的思维方式，结合自己的历史体验，概述他认为是西方性格中或性格元素中所或缺的组件，或者是中国今后能影响发展进程乃至其他文明的主要因素。特别引人注意的是，作者总结概括"中国性格及其元素"的历史维度和文化视野。他告诫西方，"只有从'极其'长的时空方位，去诠释数千年来的'中国性格'的基本元素"，才能说清楚中国人的勤奋精神、务实态度、生产效率和政治秩序；"只有研究儒学的中心主题，才会领会经济和生产有了动机和含义，才能迅速地和从不同角度去谈论这些动机和含义"。我们看待世界现状和文化表现是否也应该具备这种长时空的历史维度和文化视野呢？

第三，加西亚博士在书中其实并未详述儒学思想，或介绍儒学思想的内容本质。只是从西方思维角度指出，儒学思想提出的许多重要原则"全面又不失协调，务实而非思辨的想入非非，累积而成的，且非一成不变的"。他着重肯定的是儒学思想的历史和文化地位，认为儒学思想是中国"基本人格"的主要描述，是对中国文化和行为"最佳概述"，儒学的价值取向具有"令人惊讶的影响力和持续性"，是一种"有机的意识形态"，是中国整个历史时期一个规范的"无法摆脱的思想","西方没有可以与之相似"。进而得出结论，儒学是中国文化的引力中心，最可说明中国文化能传承千年的实质，能光耀世界的文化源泉。

也许会有人并不认同他的看法。因为在中国，对儒学的争议依然存在。如何历史地、全面客观地认识儒学的历史地位和作用，对于中国来说，不仅是一个巨大历史课题，也有深远现实意义，加西亚在书中有一段话引人深思，他说，我们"并非在断言，中国是由于学习遵循了孔子的教诲后，才成为历古至今的中国，相反，我们说的是，儒学过去和现在之所以具有如此重要性，是因为儒学过去和现在都是属于中国的"。这是加西亚博士在告诫世人，只有在中国才会产生儒学，儒学文化为中国所向披靡地出现在世界开辟了道路，因此要理解中国，就要从领会儒学做起。我们也不禁提出这样的反问，中国在史无前例地走向世界的同时，难道不需要重新、历史地全面认识自己？中国走向世界，为儒学更深入研究开辟了新的天地，站在世界的新高度、以更广的文化视野和更长的历史深度来审视判定儒学思想的历史地位和作用，是时代发展的呼唤。

第四，加西亚博士对儒学的领会认识也不乏独到之处。他为说明书的主题，自然更多地是从西方思维哲理、结合历史时空，来认识和体会儒学思想的文化实质和历史影响。因此，他认为，儒学思想是以人为中心，在多样化、多变动的自然中，主张在服从和尊重自然秩序大前提下，以可视方式体认现实，进而发挥人的自然理解力和家庭、社会的生产力。他认为儒学思想的着眼点是塑造"中国人格",目的是树立中国社会的集体形象——维护秩序,尊崇先祖,尊敬父母,服从权威,注重历史,务实勤奋,提倡乐观,推崇和谐,集体行动,因而造就了儒学在历史中的非凡影响力及其持久性。正是儒学造就的"社会的集体形象",使中国在首次全方位走向世界进程中,拥有难以抗拒的优势。

加西亚博士对儒学关于自然是"永久流动"的观念的评价也颇为新颖。按照他的理解,儒学认为"自然是一种累积的、相互补充的和非排他性的永久流动",因此,"人应当在流动中再现自然并遵循自然规律"。从而使我想到,中国的对内改革、对外开放实际上是让有助于发展的元素流动起来。中国的改革开放实际上就是从观念和制度上解除对流动的种种制约和束缚。正是有了上亿农民进城务工这样的"人员流动"、有了国内外多元化市场结合的"商品流动",有了借助互联网的"信息流动",才使得生产力得到历史性的极大释放。中国今后面临进一步深化改革的重要课题,在某种意义上,也是要从观念和制度上拆除废止对生产各要素违背自然和社会规律的形形色色的"禁"、"卡"、"压"、"堵"。

第五,作者在书中也反复提到"中国进程"对世界他国的冲击影响。他指出,"中国的前进步伐已经在动摇欧洲一些国家的根基",这些国家今后会"继续遭受中国人的文化风格、中国人的勤劳的侵蚀",因为中国输出商品的同时,随之输出的还有中国的伦理和集体价值观。他还断言,中国不怀"帝国主义的理性",但"中国用其哲理打开的大门比欧洲用大炮打开的要多"。因此，他提出"在不放弃我们自由文化和价值本质的条件下，对中国的观点以西方的方式吸收接纳"。

毋庸置疑，作者只谈及现象的一方面，因为交换和交往的影响向来是双向的。中国在改变世界，世界也在改变中国。中国敞开门窗，商品交换、人员往来、学习交流，进入国门的不仅仅是商品、技术、经验、艺术、文化、时尚，西方的价值目标、政治主张、宗教信仰、生活理念、思维逻辑等等也随之而进，其规模和程度在中国对外交往史上也是前所未有的，也在侵蚀我们文明的部分根基，这是不争的事实。问题是，我们能否以中国儒学的方式加以吸收接纳？

中国与外部世界有实质性的接触时间屈指可数。西方在武力征服中国的同时，西方文明也以生活和文化途径传入中国，给中国送来了马列主义理论，同时也有自由、公正、民主、共和、宗教、语言、文化、科学等理念。我们先人也曾提出"洋为中用"、"与中国实际相结合"、"中国化"等主张来吸收接纳。在"打倒孔家店"的大背景下，在某种程度上，中国也成为西方文明中的各种理论和主义的"试验场"，其强度和深度一点也不亚于西方发现美洲"新大陆"之后的所作所为。我们也对西方"西化"和"分化""和平攻势"深感焦虑。在封闭环境中诞生成长的中国文化基因以及儒学自身，是否具有足够的免疫力和改造力呢？在中国这片土地气候成长发育的儒学这棵大树上，如果嫁接上外来"文化基因"的枝芽，最终会收获什么样的"转基因"果实呢？

　　第六，加西亚博士在书中有关西方思维的论述，也会给中国读者留下深刻印象。经济全球化的深入新发展，尤其是中国前所未有的开放，为中国文化与世界其他文化之间的平等交流、相互借鉴以及彼此影响、广泛传播开辟了更大空间。按照加西亚博士的论述，文化的异质性是思维的异质性的具体表现，字母文字和象形文字的起源异同，导致思维方式的本质差异。文字语言本身可以代代相传，但也会受到外来文字的影响。从中国现代语言中外来词的比例在近代迅速膨胀可见一斑。但这也会潜移默化影响思维范围、观念和方式。思维自身未携带"文化基因"的"遗传密码"，思维方式并非天然生成。借用加西亚博士的引述，除知觉外，人的思维方式主要受制于社会的土壤和气候，思维方式的雏形是在"家庭级制度"之中形成，在"社会级制度"下发育成熟。因此，思维方式具有制度性和可塑性的双重动态性特征。当制度土壤的水分和养料以及外部气候条件发生任何变动，通过可塑性因素的传递，引导思维方式形成、发育以及变动的主方向，进而影响人的语言表达及其行为举止。不同思维方式间存在相互兼容性，其性能大小强弱，主要取决于对价值和价值观的认同程度。中国对市场经济的认同，说明了其思维中对以利益为导向的市场价值予以肯定。

　　不同文明的相遇交汇之中，思维方式也在交锋碰撞和相互影响，既有取而代之的，也有兼容并蓄。自中国接触西方文明以来，特别是改革开放之后，西方的信念、制度和价值观输入到中国的强度、传播的广度、影响力的深度，远远高于中国儒学传统理念在世界的输出程度。中国思维方式实际上已经历了上百年的史无前例的变动，且这种变动还在继续深入发展。西方的生活方式已在侵蚀我们的传统根基，毋庸赘述，中国后生代的思维方式和行为举动的变化，历历在目，在功利性价值观、人生观上的反映尤为明显突出，大有取代之势，折射出中国传统思维方式的某些价值取向，在悄然瓦解之中，其后果耐人寻味。我们对不同思维方式之间的差别或许已有所认识，然而对西方思维方式上百年来对我们发生影响的途径机制、范围性质以及社会效果，尚有待进一步系统梳理、历史总结和全面认识，需要详细探讨不同思维方式之间的影响是取代式的，还是融合式的。

在经济全球化深入发展的大背景下，世界不同文明的交汇，如同"百舸争流"，从未像现在那样广泛而又深入，之间充满质疑、矛盾、竞争和恶斗，世界仍然很不安宁；也有对增进相互理解、发展交流合作的渴望追求。加西亚博士撰写此书，正是反映出广大发展中国家对与走向世界舞台中心的中国合作俱进的殷切期待。他们在努力从历史和文化视角来读懂理解中国；同时也期望，中国作为历史悠久的文明大国，以儒学思想倡导的包容心态、宽广胸襟和谦卑精神来理解他们。

加西亚博士这部书涉及内容广泛，文字表述和句型构思无不体现出他写作的推理逻辑和思想动机，对译者而言，如何用中文确切表述出原文本意，在保持作者的思维风格和表述语气的同时，又符合中文语句通畅、易于理解的要求，挑战的确不小，尽力而为之，结果恐与理想标准还有不小差距，出现差错或疏漏在所难免，唯待读者谅解，敬请批评指正。这次翻译不失是一次极好的学习机会，不得不去阅读未曾阅过的书籍，接触未曾接触的课题，付出时间艰辛，深感值得。但能完成这本译作，也深感非一己之力。我十分感激庄胜矿产资源集团对我的信任和鼓励；也要感谢秘鲁前驻华大使、现任秘鲁外长贡萨洛·古铁雷斯先生，他对加西亚博士此书能译成中文充满期待，在正确把握理解书中的词义方面向我提供了宝贵帮助。我也特别向国际儒学联合会的专家学者表示衷心感谢，正是由于他们对文字表述的指导和修订意见，为本书的可读性增添了光彩。

责任编辑:段海宝
封扉设计:石笑梦

图书在版编目(CIP)数据

儒学与全球化/(秘)佩雷斯著　沈　庆 译. -北京:人民出版社,2014.9
ISBN 978 - 7 - 01 - 013836 - 7

Ⅰ.①儒…　Ⅱ.①佩…②沈…　Ⅲ.①儒学-关系-全球化-文集
　Ⅳ.①B222.05 - 53②C913 - 53

中国版本图书馆 CIP 数据核字(2014)第 200881 号

儒学与全球化
RUXUE YU QUANQIUHUA

(秘鲁)阿兰·加西亚·佩雷斯著　沈　庆　译

人民出版社 出版发行
(100706　北京市东城区隆福寺街 99 号)

北京瑞古冠中印刷厂印刷　新华书店经销

2014 年 9 月第 1 版　2014 年 9 月北京第 1 次印刷
开本:710 毫米×1000 毫米 1/16　印张:12.25
字数:120 千字

ISBN 978 - 7 - 01 - 013836 - 7　定价:35.00 元

邮购地址 100706　北京市东城区隆福寺街 99 号
人民东方图书销售中心　电话 (010)65250042　65289539